추천의 글

지난 30여 년간 같은 학부의 동료교수이자 공동연구자로 함께해온 성영은 교수의 귀한 저작이다. 같은 크리스천 과학자로서 나도 고민하던 다양한 이슈를 쉬운 언어로 표현한 것에 큰 감동을 받았다. 아무쪼록 이 책이 과학에 관심 있는 기독 학생과 청년에게 좋은 신앙의 길라잡이가 되기를 바란다.
- **현택환** 서울대학교 석좌교수

제목만으로도 호기심이 생긴다. 과학의 시선에만 익숙한 이에게 자연은 하나의 대상, 물체일 뿐이다. 그러나 신앙의 눈을 열면 어떨까? 자연은 그 너머를 보게 하는 창문이 된다. 이 책은 과학의 눈으로 세상을 보게 할 뿐 아니라, 신앙의 눈을 열어 신비의 차원도 보게 한다. 이 책의 안내를 받아 그 즐거움에 흠뻑 젖기를 바란다.
- **정현구** 서울영동교회 담임목사

성영은 교수는 기독교 세계관에 입각하여 연구하고 교육하는 신실한 그리스도인이자 뛰어난 과학자다. 그는 과학과 성경 중 어느 쪽이 옳은가를 따지기보다 크리스천이 어떻게 성경적 시각으로 과학을 바라보면 좋은지에 관한 균형 잡힌 기준을 제시한다. 현대 과학의 도전을 받는 신앙인에게 신뢰할 만한 길라잡이가 되어줄 것이다.
- **손봉호** 서울대학교 명예교수

성도들은 빠른 속도로 발전하는 수많은 과학기술의 영향 아래서 살아간다. 가끔 이를 신앙의 관점에서 어떻게 보고 받아들여야 할지 고민하지만 과학 지식도 부족하고 기독교 세계관도 확고하지 않아 어영부영 넘어가게 되는 때가 많다. 이런 상황에서 여러 과학 주제의 핵심을 정리해주고 이를 어떤 관점에서 보아야 할지, 어떻게 기도하며 노력해야 할지를 쉽고 친절하게 설명해주는 크리스천 과학자가 있다는 사실에 감사한다. 그의 책에서 그리스도인으로서 과학시대 살아가기에 관한 안목과 지혜를 얻는다.
- **정병오** 기독교윤리실천운동 공동대표

내 신앙에
과학이
대답할 줄이야

— 과학으로 하나님 발견하기

성영은 지음

홍성사.

내 신앙에

자연과 일상생활

에너지와 미래

닫는 글

여는 글

가끔 기독학교나 교회학교에서 과학 수업을 할 때가 있습니다. 수업이 끝나면 아이들은 기다렸다는 듯 여러 질문을 쏟아 냅니다. "사람들은 왜 하나님께서 주신 아름다운 생태계를 오염시키고 소중히 여기지 않는 걸까요?", "기후변화가 계속되면 우리는 나중에 어떻게 되나요?", "바이러스는 누가 만들었어요?", "식물도 하나님을 찬양하나요?", "나무는 왜 사람보다 오래 살아요?", "하나님은 왜 쓸모없어 보이는 곤충을 만드셨을까요?" 조금 더 자란 청소년들은 이런 질문을 합니다. "하나님은 진짜로 6일 만에 세상을 다 만드셨어요?", "외계인은 있나요?", "크리스천도 기후변화를 막는 노력이나 환경운동을 해야 하나요?", "크리스천이 과학을 진로로 정해도 되나요?"

이외에도 많은 질문이 있습니다. 날이 갈수록 과학이 발전하는 세상에서 과학과 신앙에 관한 질문은 끝이 없습니다. 과학자이며 신앙인인 저는 앞으로 훨씬 더 거센 신앙적, 과학적 도전 앞에 서게 될 다음 세대 크리스천의 물음에 답해야 할 막중한 책임감을 느끼고 있습니다.

사람들은 일반적으로 과학은 객관적 사실에 근거한 학문이기 때문에 믿을 만한 진리라고 생각합니다. 현 시대는 과학에 대한 신뢰가 무척이나 높지요. 그러나 과학은 절대적 진리가 아닙니다. 상대적으로 더 신뢰할 만한 경우가 있는 것은 사실이지만 항상 옳다고 말하기는 어렵다는 말입니다. 예를 들면 생명이나 우주의 기원과 관련된 부분은 과학으로 명확하게 설명되기 어렵습니다. 세상의 처음에 있었던 일은 너무나 오래전이고 일회적인 사건으로 아무도 본 사람이 없는 데다 증거와 실험으로 검증하는 과학을 넘어서는 주제이기 때문입니다.

과학의 객관성에 의문을 품게 하는 다른 문제도 있습니다. 커피가 몸에 좋다는 기사와 몸에 좋지 않다는 기사가 공존합니다. 어떻게 정반대의 결과가 나올 수 있을까요? 항산화제 같은 커피 속 유익한 성분을 강조하면 몸에 좋은 음료가 되고, 독소를 강조하면 해로운 음료가 됩니다. 이것이 가능한 이유는 오늘날 과학 연구 문화 때문입니다. 현대의 과학 연구는 많은 연구비를 필요로 합니다. 비싼 장비와 고급 인력이 필요하기 때문입니다. 그래서 대부분의 연구는 정부나 기업으로부터 연구비를 받아서 하게 됩니다. 다 그런 건 아니지만 연구비를 받으면 연구비를 지원해주는 곳에 이익을 주는 방향으로 결과를 내기 쉽습니다. 예를 들어 커피 회사로부터 연구비를 받으면 당연히 커피의 좋은 점을 찾거나 제기된 문제점을 해결하는 연구 결과를 도출할 것입니다. 반대로 차 같은 커피의 경쟁 식품 회사가 연구비를 준다면 정반대의 결과를 내겠지요. 이런 현대과학의 특성을 알면 과학적 주장에 지나친 신뢰를 보내는 것이 바람직하지 않다는 것을 알게 됩니다. 그러면 어떤 기준으로 어느 정도까지 과학을 신뢰하고 과학적 주장을 펼칠 수 있을까요?

흥미롭게도 성경으로 과학을 보면 과학적 주장의 진위를 판별하거나 어느 정도까지 과학을 수용할 수 있는지 가늠해볼 수 있습니다. 성경이 과학을 보는 큰 틀을 제공하는 것이지요.

즉 성경적 세계관으로 과학을 보는 것입니다. 이는 내 맘대로
성경을 해석하고 과학을 판단해도 된다는 말이 아닙니다. 오히려
성경 해석에 겸손한 태도를 요구합니다. 선입견이나 고정된 틀로
성경을 보고 있는 것은 아닌지, 성경에서 말하지 않는 것을 믿고
있는 것은 아닌지 돌아볼 수 있어야 합니다. 그리고 새로 발견된
과학적 사실 앞에서 지금까지 성경을 봐왔던 태도를 점검해야
합니다. 이것이 성경으로 과학을 보는 것입니다. 과학적 사실로
성경의 진위를 따지려 하는 시대에 성경으로 과학을 보는 태도는
아주 중요합니다. 이 책은 특히 이 점을 염두에 두었습니다. 과학을
성경과 대등한 위치에 두고 누가 옳은지 따지기보다 크리스천이
어떻게 성경적 시각으로 과학을 바라보면 좋을지 기준을
제시하고자 합니다.

　　청소년이 보고 느끼는 우리나라는 기성세대가 느끼는
우리나라와는 많이 다릅니다. 청소년과 청년 세대는 세계 10대
경제 대국이자 과학기술이 세계 5위권인 과학기술 대국을
살아가고 있습니다. 식민지와 전쟁에 생존이 급급했고, 삶의
고단함과 먹고사는 문제로 하나님께 매달렸던 가난한 나라를
경험한 이전 세대의 신앙으로 다 품을 수 없는 세대입니다.
다음 세대를 위한 교회의 사명도 달라져야 할 것입니다. 세계
최빈국에서 잘사는 나라로 만드신 하나님의 뜻을 생각해야 할
것입니다. 여기에는 과학기술 분야에서의 우리의 사명도 포함되어
있다는 것이 제 생각입니다. 크리스천으로서 지금의 과학기술
시대를 어떻게 해석하며 살아갈 것인지 함께 고민해야 합니다.

　　지금까지 우리는 과학과 신앙을 다룰 때 주로 외국의 번역서에

의지하곤 했습니다. 그러다 보니 오랜 과학적 전통이 뿌리내린
해외 사례가 우리에게는 다소 맞지 않는 부분이 많았습니다. 우리
다음 세대에서는 성경의 시각으로 과학기술 분야를 바라보고
해석할 수 있는 사람이 많이 나와야 합니다. 또한 크리스천
청소년이나 청년이 과학 분야에서 인생의 길을 찾는 일이 많아져야
합니다. 과학은 하나님이 우리에게 주신 선물입니다. 과학을
전공했거나 과학에 관심이 있는 신자라면 과학으로 하나님의
이름을 높이는 선한 청지기의 사명을 감당해야 합니다. 그러기
위해서는 교사, 부모, 교직자 등 어른들이 함께 힘써야겠지요.
이 책이 이러한 사명에 가까이 닿는 데 조금이라도 도움이 되면
좋겠습니다.

　이 책은 4부로 구성되어 있습니다. 1부에서는 하나님의 만드신
우주를 소개하고, 2부에서는 생명의 신비를 다룹니다. 3부에서는
인간의 타락에 영향을 받은 자연을, 마지막 4부에서는 앞으로 올
과학기술 시대를 살펴봅니다. 되도록 누구나 흥미를 가질 만한
주제로 구성했고, 어린 독자와 과학과 가깝지 않은 독자도 이해할
수 있도록 비교적 쉽게 썼습니다. 각 주제의 마지막에는 '덤'을 넣어
좀 더 전문적인 주제를 다루었습니다. 또한 각 글을 통해 과학의
특징을 소개하려 했습니다. 과학적 주제를 다룬 각 글을 통해 크신
하나님을 찾을 수 있기를 바랍니다.

　과학은 상대적입니다. 엄밀한 의미에서 새로운 창조 작업이
아니라 자연에서 발견하는 작업이지요. 과학을 교양으로 받아들일
때 열린 시각을 얻게 될 것입니다. 우리의 좁은 시야에 갇힌
하나님이 아니라 크고 넓고 깊으신 하나님을 더 알게 될 것입니다.

우리 크리스천이 이 책을 통해 과학의 부정적인 면에는 경각심을 갖고, 긍정적인 면은 잘 살펴서 과학 시대를 주도하는 사람들이 되면 좋겠습니다.

이 책은 기독교윤리실천운동의 웹진 〈좋은나무〉에 실린 글들을 편집하여 재구성한 것입니다. 글 사용을 허락해 준 기독교윤리실천운동과 글의 주제와 내용에 많은 조언을 해주신 〈좋은나무〉 편집인 노종문 목사님 외 편집위원들께 감사를 드립니다. 이 글을 출판해 준 홍성사에 감사를 드리며 글을 교정해 준 아내 박미낭과 사랑하는 두 딸 상아, 상원에게 고마움을 전합니다.

2022년 11월 관악산 아래에서

성영은

우주의 기원과 창조

거대한 우주,
하나님은
있다! 없다?

현대과학의 놀라운 성과 중 하나는 거대한
우주의 발견입니다. 우주의 신비 앞에서
우리는 질문하게 됩니다. '하나님은 어디에
계시는가?' '하나님은 정말로 계시는가?'
거대한 우주에서 찾을 수 있는 하나님의
흔적은 어떤 것들이 있을까요?

우리가 살아가는 이 땅에는 매일같이 수많은 일이 일어납니다. 기쁘고 좋은 일도 있지만, 우리를 답답하고 우울하게 하는 일도 많지요. 영원한 하늘 소망을 전해야 할 기독교가 땅의 것에 집착하며 벌이는 일들을 볼 때 더욱 그렇습니다. 하나님이 주신 이 땅의 풍요와 자유를 오용해서 생기는 문제들로 신자들이 탄식과 고통 가운데 울부짖는 것을 보면 참으로 안타깝습니다.

"눈을 들어 하늘 보라"라는 찬송 가사가 있습니다. 이럴 때일수록 우리는 눈을 들어 하늘을 봐야 합니다. 성경은 끊임없이 우리에게 하나님이 거하시는 하늘을 보라고 말하고 있습니다. 여기서 말하는 '하늘'은 어디일까요?

광대한 우주

과학에서 하늘은 중요한 연구 주제 중 하나입니다. 그러나 과학이 다루는 하늘과 성경이 말하는 하늘은 다릅니다. 과학은 눈에 보이는 것을 다루는 학문입니다. 과학이 다루는 하늘은 '우주'라고 하는 편이 더 적절할 것입니다. 오늘도 과학은 계속해서 거대한 우주를 탐구하고 있습니다. 1977년 발사한 보이저 1호와 2호는 40여 년을 날아 각각 2012년과 2018년에 태양계 끝부분에 도달하였습니다. 초속 약 15km(시속 55,000km, 비행기의 55배 속도)로 약 40여 년을 달려 지구로부터 180억 km 떨어진 태양계 끝에 도달한 것이지요. 이는 빛의 속도로는 16시간 30분 거리로, 태양계 반경이 대략 태양과 지구 사이 거리의 120배라는 사실을 말해 줍니다. 보이저 1호와 2호는 현재 태양계를 벗어나 인터스텔라(별과 별 사이)라 불리는 태양계 바깥 우주를 향해 중입니다.

　과학에서는 별을 '스스로 빛을 내는 천체'로 정의합니다. 이 정의에 따르면 태양계에서 별이라고 할 수 있는 것은 태양 외에는 없습니다. 우리가 별이라고 부르는 금성, 목성, 토성 등은 스스로 빛을 내지 못하고 태양 빛을 반사하는 '행성'입니다. 행성은 태양이라는 별에 의지하여 태양 주위를 돌고 있는 천체입니다. 전에는 태양계 내의 행성이 수성, 금성, 지구, 화성, 목성, 토성, 천왕성, 해왕성, 명왕성으로 9개였습니다. 그러나 과학기술의 발달로 명왕성 바깥에서 명왕성보다 크기가 크거나 비슷한 행성들이 8개 이상 발견되었고, 앞으로도 계속 발견될 가능성이 있기 때문에 명왕성부터 그 바깥의 작은 천체들은 '왜성'으로 따로 분류하여 지금은 8개가 되었습니다. 각 행성 주위에는 달과 같은 '위성'들이 있습니다. 목성에는 최고 120여 개의 위성이, 토성에는 현재 확인된 것만 63개의 위성이 있습니다. 거기에다가 많은 소행성과 혜성들도 있지요. 이렇게 많은 천체들은 모두 태양에너지에 의해 유지되고 있는 태양이라는 별의 식구입니다. 물론 태양 외의 별들이 각각 얼마나 많은 행성과 위성을 갖는지 아직은 잘 모르지만, 우리는 태양이라는 별을 중심으로 태양계를 이해함으로써 별 하나를 중심으로 하는 가족의 크기와 모습을 상상할 수 있습니다.

　태양계만으로 이렇게나 광대한데, 이 태양계가 우주의 아주 작은 일부분에 불과하다는 사실은 우리를 놀라게 합니다. 우리가 속한 태양계는 '우리 은하'라는 별의 집단에 속해 있습니다. 우리가 알고 있는 은하수 안에 우리 태양계가 들어 있는 것입니다. 우리 은하에는 태양과 같은 별이 약 1천억 개가 더 있고, 우주에는 우리 은하와 같은 은하들이 약 1, 2천억 개 정도 있는 것으로 알려져 있습니다. 그러니 우주에는 최소 1천억 × 1천억 개 정도의 태양과 같은 별들이 있는 것이죠. 이처럼 현대과학은 상상할 수 없이 크고 광대한 우주를 밝혀냈습니다.

지구에서 태양 다음으로 가장 가까운 별은 남반구에서만 보이는 켄타우루스 별자리의 프록시마 별로 약 4.3광년 떨어져 있습니다. 빛의 속도로는 4.3광년, 비행기로는 약 430만 년, 40여 년을 달려 태양계 끝에 도달한 보이저 2호가 다시 7만 년을 달려야 프록시마 별에 도착할 수 있습니다. 지구에서 세 번째로 가까운 별은 6광년이 걸리는 거리에 위치합니다. 대략 이런 간격으로 셀 수 없이 많은 별이 우주에 흩어져 있습니다. 우리 은하에서 가장 가까운 큰 은하는 안드로메다은하로 약 250만 광년 떨어져 있습니다. 이런 간격으로 우주에는 은하가 가득합니다.

움직이는 우주

우주에 흩어져 있는 태양과 주위 행성들이 어떻게 움직이는가 하는 문제는 과학사에서 큰 논쟁거리였습니다. 근대과학의 태동기에 코페르니쿠스(Nicolaus Copernicus, 1473–1543)에 의해서 우주 구조에 대한 이론이 지구 중심설(천동설)에서 태양 중심설(지동설)로 바뀌었다는 것은 다들 알고 있는 사실입니다.

코페르니쿠스, 《천구의 회전에 관하여》(1543)

　　이 코페르니쿠스조차도 우주를 겨우 태양계 안의 토성과 그 바깥에 고정된 천구 정도의 크기로 알았습니다. 그러나 현대과학을 통해 거대한 우주를 발견한 현재, 우리는 천동설과 지동설을 넘어서 지구도 태양도 우주도 다 움직인다는 사실을 발견했습니다. 지구는 자전축을 중심으로 비행기보다 훨씬 빠른 시속 1,600km쯤으로 자전합니다. 비행기나 자동차로 아무리 빠르게 달려도 지는 해를 따라갈 수 없는 속도입니다. 또 지구는 태양을 중심으로 비행기보다 100배 이상 빠른 시속 11만 km 속도로 공전합니다. 그리고 지구를 포함한 태양계는 은하를 중심으로 시속 84만 7천 km(초속 230km)로 돌고 있고, 우리 은하계는 다시 다른 은하계를 중심으로 계산조차 힘들 정도의 빠른 속도로 돌고 있습니다. 그리고 천억 개 이상의 은하들은 서로 팽창하고 있습니다. 우주 속에서 우리의 상상을 초월하는 빠른 속도의 움직임이 있다는 사실은 믿기 힘들지만 사실입니다.

무엇이 무엇을 돌고 있는지 설명하기 복잡할 정도로 모든 천체가 유기적으로 움직이고 있습니다. 그러나 뉴턴의 운동 법칙을 통해 알 수 있듯 하나님은 우리가 일정한 속도로 움직이고 있다는 것을 느끼지 못하도록 만드셨기 때문에 이렇게 빠른 움직임 속에서도 일상을 유지하며 살아갈 수 있습니다.

점점 더 커지는 우주

빠른 속도로 움직이는 지구의 둥근 표면 위에서 인간이 살아간다는 것은 신기한 사실입니다. 우리는 위를 향해 서서 살아가는 것 같지만 실제로 지구는 둥글고 우주 공간은 위아래가 없으므로 우리가 거꾸로 지구에 매달려 있다고도 할 수 있겠죠. 앞에서 코페르니쿠스조차 우주를 협소하게 이해했다고 말씀드렸습니다. 고대나 중세 사람들이 이해한 우주는 코페르니쿠스처럼 토성 바깥에 있는 벽에 별들이 붙어 있는 아주 작은 우주였습니다.

근대과학을 완성한 뉴턴(Isaac Newton, 1642–1727)은 우주 공간을 고정되고 변하지 않는 텅 빈 틀로 생각했습니다. 예를 들어 1km의 거리, 100평의 면적, 100입방미터(m³)의 부피와 같은 공간이 변함없이 동일한, 즉 절대적인 것이라고 생각한 것이죠. 우리도 공간에 대해서는 대체로 뉴턴처럼 이해하고 있습니다. 그래서 공간을 재서 사고팔고, 집을 짓고, 도로를 만들며 살아갑니다.

그런데 현대과학은 우주 공간이 고정되어 있지 않고 계속 팽창하며 변하고 있다는 것을 알아냈습니다. 우주가 팽창한다는 것은 우주 바깥에 존재하는 미지의 공간을 향해 우주가 팽창한다는 것이 아닙니다. 우주 바깥에는 아예 공간이 없습니다. 우주가 팽창한다는 것은 공간 자체가 계속해서 새로 만들어지고 있다는 것입니다. 공간 속에서 살아가는 인간으로서는 공간 바깥이 무엇인지, 공간 자체가 만들어진다는 게 무슨 뜻인지 알 길이 없습니다. 수학적으로 초공간이라 부르기도 하지만 상상하기 어려운 건 매한가지입니다. 또한 현대과학은 상대성 이론을 통해 공간이 천체와 구별되어 독립적으로 존재하는 것이 아니라고 말합니다. 물체로 인해 공간이 휘고 휜 공간을 따라 물체가 움직이는 것, 즉 물체에 의해 공간이 늘어나거나 줄어들거나 한다는 것이지요. 그리고 이 공간은 처음부터 따로 존재했던 것이 아니라 물질과 시간과 함께 만들어졌다고 합니다.

우주, 하나님은 없다?

우주를 다소 협소하게 이해한 고대 사람들이 하나님의 존재를 믿는 것은 그다지 어려운 일이 아니었습니다. 작은 우주 바깥 어딘가에 하나님이 계시는 하늘이 있을 것이라고 믿었던 것입니다. 그러나 오늘날 연구를 통해 찾아낸 거대한 우주는 신앙에 걸림돌이 되기도 합니다. 이렇게나 큰 우주를 아무리 살펴보아도 하나님이 계실 만한 '하늘'이 어디에 있는지 모르겠다는 것입니다. 이러한 주장을 하는 사람들은 거대한 우주 자체가 하나님이 없다는 분명한 증거라고 주장하기도 합니다. 하늘을 보고 하나님의 존재를 생각하는 것은 고대와 중세에나 가능했으며

지금으로써는 어림없는 미신이라는 것이지요. 이런 무신론적
주장에 '우주의 규모 논증'이라는 것이 있습니다. 이는 대표적인
무신론자 도킨스(Richard Dawkins)와 같이 활동하는 셔머(Michael
Shermer)의 주장으로, 간단하게 설명하면 다음과 같습니다.

하나님이 있다면, 공간적으로 우리 은하계 내에 1천억 개의
별이 있고, 그런 은하가 최고 2천억 개나 있음에도 인간을 겨우
모퉁이에 있는 하나의 별에, 그것도 그중 하나의 행성에 있도록
창조할 리가 없다. 더구나 이 우주의 시공간 대부분은 인간이
살기에 극히 부적합한데 하나님이 존재한다면 어떻게 이런
우주를 만들었겠는가?[1]

이처럼 거대한 우주의 발견은 오늘날 기독 세계관에 만만치
않은 도전을 걸어옵니다. 하나님의 위대하심을 보여주는 거대한
우주가 도리어 누군가에게는 하나님을 바깥으로 밀어내는
역할을 하는 셈입니다. 하나님의 존재를 드러내 놓고 부정하지는
않더라도, 누군가에게 하나님은 100억 광년이라는 우주의
크기만큼이나 바깥으로 밀려나고 있는 것인지도 모릅니다.
　그러나 인간에게 무한으로 느껴지는 큰 우주는 무한하신
하나님이 만드신 유한한 공간입니다. 광대한 우주는 창조주

1) 릭 페일스, "현대과학이 하나님의
　존재를 부정하는가?", 〈월드뷰〉,
　(기독교세계관학술동역회, 30권, 5호,
　2017), 14.

하나님의 창조물이자 피조물입니다. 창조주는 피조물의 제약을 받지 않습니다. 영원하신 하나님은 피조물인 시간의 제약을 받지 않는다는 뜻입니다. 공간이 속도와 중력에 따라 휜다는 것을 밝혀낸 상대성 이론을 통해 공간이 절대적 존재가 아니라는 것이 밝혀졌습니다. 공간 역시 피조물이므로 하나님은 공간에도 제약받지 않으십니다. 하나님의 존재는 우리가 사는 3차원 공간 개념으로는 다 알 수 없는 신비입니다. 크고 작음, 멀고 가까움은 모두 우리 인간의 관점일 뿐입니다.

날로 발전하는 과학지식, 우리에게 필요한 태도

종교개혁 당시 독일에 살았던 요하네스 케플러(Johannes Kepler, 1571–1630)는 관측 자료를 통해 지구 중심의 천동설이 틀렸고, 코페르니쿠스가 주장한 태양 중심의 지동설이 옳음을 확신하고 주장했습니다. 그러나 케플러는 로마 가톨릭과 개신교 양 진영 모두로부터 반대에 부딪혔습니다. 그의 주장이 성경의 가르침과 다르다는 것입니다.

그들은 "태양아 너는 기브온 위에 머무르라 달아 너도 아얄론 골짜기에서 그리할지어다"(수 10:12), "해는 그의 신방에서 나오는 신랑과 같고 그의 길을 달리기 기뻐하는 장사 같아서"(시 19:5), "땅에 기초를 놓으사 영원히 흔들리지 아니하게 하셨나이다" (시 104:5) 등의 구절을 근거로 지동설이 틀렸다고 반박했습니다. 이에 케플러는 다음과 같은 말을 함으로써 성경은 언제나 진리임을 천명했습니다.

요하네스 케플러(1571~1630)

지구가 움직이고 태양이 정지해 있다고 말하면 성경의
말씀을 거짓으로 만든다는 두려움 때문에 많은 사람들이
코페르니쿠스에게 동의하지 않습니다. …… 우리는 매일의
일상에서 사실과 다르더라도 우리 눈에 보이는 대로 말하고
살아갑니다. '우리가 항구로부터 항해를 시작하니 땅과
도시들이 뒤로 물러나네'라고 노래한 베르길리우스(고대
로마 시인)의 시처럼 말입니다. …… 만일 성경이 당시
배우거나 배우지 못한 모든 사람들이 알고 있는 상식에
반하는 과학적 진리 그대로 기록되었다면 그 표현이 얼마나
이상하겠습니까?[2]

2) 원문 출처는《신천문학*Astronomia
nova*》(케플러, 1609).

성경은 수천 년에 걸쳐 쓰여졌고, 현대과학은 날로 발전하며 계속해서 새로운 사실을 발견하고 있다는 사실을 기억해야 합니다. 그래서 성경과 과학이 상충하는 것처럼 보이기도 합니다. 그러나 현대과학이 다루는 하늘과 성경이 말하는 하늘은 차원이 다른 영역입니다. 과학이 선물해 주는 우주에 대한 각종 지식을 통해 우리 눈을 우주보다 더 크고 신비한 하늘을 향해 들고, 크고 크신 하나님을 더 알아 가면 좋겠습니다. 현대과학으로 성경을 볼 때 과학 이론에 대한 점검이 필요하고, 또 반대로 우리의 성경 해석이 옳은지 묻는 겸손한 태도가 필요합니다.

시간을 살아가는 피조물,
인간

시간은 운동이나 중력과 같은 환경에 따라
변한다고 합니다. 시간을 좀 더 입체적으로
이해하게 되면 성경의 영원을 이해할 수
있을까요? 현대과학이 발견한 시간은
유한한 피조물인 우리 인간에게 무엇을
말하고 있을까요?

현대과학은 성경의 시간과 과학의 시간을 비교하며 성경이 말하는 시간에 의문을 제기합니다. 성경에 따르면 6천여 년 전에, 과학에 따르면 138억 년 전에 세상이 만들어졌다고 하면서 성경과 과학이 대립한다고 말하는 이들도 있습니다. 과연 그럴까요? 모세는 "주의 목전에는 천 년이 지나간 어제 같으며 …… 우리의 연수가 칠십이요 강건하면 팔십이라도"(시 90:4, 10)라고 하면서 우리가 유한한 존재로 창조되었음을 알고, 시간을 잘 사용하는 지혜를 달라고 기도하고 있습니다. 시간이란 무엇일까요? 성경에는 영원이라는 말이 많이 나옵니다. 영원은 무엇일까요? 무한한 시간을 말하는 것일까요? 시간과 영원은 어떤 관계일까요?

시간, 변하는 피조물

사람들은 시간이 언제나 균일하게 흐르고, 누구에게나 동일하다고 생각합니다. 시간은 항상 변함없이 흘러왔고 앞으로도 그렇게 끝없이 흐를 것이라 믿는 것입니다. 이러한 시간의 보편성, 절대성, 그리고 불변성은 과학에서도 근대과학이 완성된 뉴턴 이후 진리로 받아들여져 왔습니다. 그런데 현대에 와서 보편적이고 절대적이라고 믿었던 시간에 대한 이해를 뒤집는 연구들이 나왔습니다. 행성이나 별처럼 아주 무거운 것과 빛처럼 아주 빠른 것을 연구하면서 얻은 결과들입니다. 아주 무겁고 아주 빠른 세상에서 시간은 절대적이고 불변하는 것이 아니라 상대적이고 변한다는 사실이 밝혀진 것입니다.

시간의 상대성이 실생활에 반영된 예로는 우리가 위치를 찾거나 길을 찾을 때 널리 사용하는 내비게이션(GPS)을 들 수 있습니다. 구글 지도나 티맵 등 위치를 찾을 때 흔히 쓰는 기술 말입니다. 내비게이션 기기는 지구에서 멀리 떨어져서 빠르게 지구를 돌고 있는 인공위성과의 통신으로 작동합니다. 이것을 개발하는 과정에서 인공위성의 시간과 우리가 사는 지상의 시간이 다르다는 것이 확인되었습니다. 인공위성의 시간이 지상의 시간보다 하루에 38마이크로초만큼 빠르다는 것을 알게 된 것입니다. 그 차이는 아주 작지만 지상의 시간과 인공위성의 시간이 다르다는 것은 분명한 사실입니다. 이 작은 차이를 보정해 주지 않으면 실시간으로 방향을 알려주는 내비게이션은 하루에 10km라는 큰 오차를 내게 됩니다. 즉 가려는 목적지에서 10km 떨어진 엉뚱한 곳을 안내하게 되는 것이죠. 현대과학은 인공위성의 시간이 지상의 시간과 다른 원인이 인공위성 속 시계의 기계적 결함이 아니라 시간의 본성 때문임을 밝혀냈습니다. 상대성 이론(혹은 상대론)이 그것입니다.

상대성 이론은 아인슈타인(Albert Einstein, 1879–1955)이 처음 주장한 이론입니다. 1905년 처음 발표된 특수 상대성 이론은 운동하는 물체가 빛의 속도에 가까워질수록(빠르게 움직일수록) 물체가 경험하는 시간의 흐름이 늦어진다고 주장합니다. 10년 뒤 발표된 일반 상대성 이론에 의하면 별처럼 무거운 물체는 주위 공간을 휘게 하고 시간을 늦춥니다. 2017년 개기일식 때 지구로 오는 별빛이 태양을 지날 때 휘어서 오는 것이 관측되었습니다. 무거운 태양이 태양 주위의 공간을 당겨 공간이 휘고, 이로 인해

앨버트 아인슈타인(1879~1955)

공간의 시간도 느려지는 것이죠.

　인공위성의 시간이 지상의 시간과 다른 것도 이 상대성
이론으로 잘 설명됩니다. 인공위성이 지구에서 멀리 떨어져 아주
빠르게 움직이기 때문에 일반 상대성 이론과 특수 상대성 이론이
더해져 생기는 현상인 것입니다. 즉 인공위성이 아주 빠르게
움직여서 느려지는 시간과 지구로부터 멀리 떨어져 있기 때문에
중력의 영향을 거의 받지 않아 빨라지는 시간의 변화를 합하면
정확히 38마이크로초 빨라지는 현상이 설명됩니다. 현대과학은
이 상대성 이론에 기초해 시간은 절대적인 것이 아니라 상대적인
것이라고 주장하고, 시간은 원래부터 있던 것이 아니라 세상이
시작될 때 빛과 물질과 함께 만들어졌다고 주장합니다.

　앞의 내비게이션 사례에서 본 것처럼 상대성 이론은 현재 여러
과학적 증거를 통하여 검증됨으로써 단지 이론이 아닌 사실로

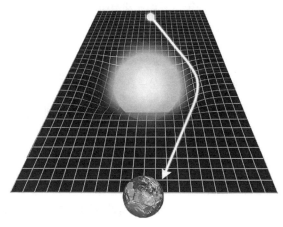

빛이 태양 주위를 지날 때 태양의 중력에 의해 휘는 현상과 이로 인해 시간이
달라지는 현상

인정받고 있습니다. 우리가 무거운 물체 가까이에 있거나 아주
빠르게 움직이면 시간은 느리게 흐릅니다. 즉 수명이 길어지는
것입니다. 영화 〈인터스텔라〉를 보면 주인공이 중력이 강한 어느
행성에 몇 시간 더 머물다 왔을 뿐인데 지구 시간은 수십 년이 흘러
있는 장면이 나옵니다. 중력이 아주 강하게 당기면 시간이 느리게
흐른다는 것은 영화 속 이야기가 아니라 사실입니다.

과학과 성경의 시간, 기원의 대립

앞서 이야기했듯이 성경과 과학의 대립을 주장하는 사람들이
있습니다. 세상의 기원을 말할 때 과학과 성경이 서로 대립하는
것처럼 말하는 사람들이 있습니다. 성경에 따르면 세상은 6천 년

전에, 과학에 따르면 138억 년 전에 세상이 시작되었다며 대립을 주장하는 것이죠. 창세기 1장의 시간문제는 큰 논쟁거리 중 하나입니다. 여러분은 어떻게 생각하나요?

성경의 날들을 과학적으로 설명해 보려 한 과학자들이 있습니다. 미국 MIT 교수였던 유대인 과학자 슈뢰더는 상대성 이론에 기초해서 창세기 1장의 시간을 설명합니다. 그는 이 세상이 138억 년 전 대폭발로 시작되었다는 빅뱅 이론을 지지하면서 동시에 창세기 1장의 시간도 믿는다고 말합니다. 그러면서 창세기 1장의 시간을 지금 우리가 이해하는 시간과 다르게 해석합니다. 첫째 날의 하루 24시간은 지금 우리 시간으로 80억 년, 둘째 날은 40억 년, 셋째 날은 20억 년이라고 주장합니다.[3] 우주 초기에는 모든 우주가 한 점에 모여 있었기 때문에 상상을 초월할 정도로 중력이 컸고, 상대성 이론에 따라 시간이 매우 느리게 흘렀다는 것입니다. 그의 주장의 요지는 시간의 간격은 환경에 따라 달라지기 때문에 창세기 1장의 하루가 24시간인 건 맞지만 그 24시간을 꼭 지금의 24시간으로 받아들일 필요는 없다는 것이죠. 우리는 우주의 기원을 생각할 때 과학의 '오랜 시간 이론'과 창세기 1장의 '엿새'(6일)를 조화롭게 설명하려는 이런 주장들에 한 번쯤 귀 기울일 필요가 있습니다. 물론 과학 이론들이 늘 변한다는 것을 생각할 때 이런 주장들을 모조리 받아들일 필요는 없지만, 내가 믿고 있는 것이 불완전할 수도 있다는 것을 인정하고 돌아볼 줄

---

3) 제랄드 슈뢰더, 《신의 과학》,
    이정배 역(범양사, 2000), 104.

알아야 한다는 말입니다.

영원을 바라보는 성경의 시간

성경은 시간이 영원하거나 불변하는 존재가 아니라 공간과
마찬가지로 하나님의 피조물이라는 사실을 알려 줍니다. 고대의
아우구스티누스(354-430)를 비롯한 신학자들도 시간이 하나님의
피조물이라고 말해 왔습니다. 이는 현대과학이 밝힌 상대적인
시간 개념을 더 풍성히 이해하는 데에 큰 도움을 줍니다. 사실
성경의 관심은 시간이 아니고 영원입니다. 그래서 시간 속에
사는 우리에게 다양한 방식으로 영원을 설명합니다. "하나님이
모세에게 이르시되 나는 스스로 있는 자이니라"(출 3:14). 이 본문의
'나는 스스로 있는 자'를 영어로 표현하면 'I am who I am'입니다.
신약에 "예수께서 이르시되 …… 아브라함이 나기 전부터 내가
있느니라(Before Abraham was born, I am)"(요 8:58)라는 본문도
있습니다. 성경에는 이와 비슷한 표현들이 있습니다. 이 구절들은
시간 속에 있는 우리에게 영원을 설명하기 위해 항상 '현재'로
계시는 하나님을 설명합니다. 하나님의 시간은 시간에 구애받지
않기에 언제나 '현재'라는 말입니다. "나는 알파요 오메가요 처음과
마지막이요 시작과 마침이라"(계 22:13)라는 말씀은 이 사실을 풀어
설명합니다. 또한 "사랑하는 자들아 주께는 하루가 천 년 같고
천 년이 하루 같다는 이 한 가지를 잊지 말라"(벤후 3:8)는 말씀은
시간은 피조물이고, 하나님은 시간 밖에 계시는 영원한 분이심을
말합니다. 그리고 "하나님이 세상을 이처럼 사랑하사 독생자를

주셨으니 이는 그를 믿는 자마다 멸망하지 않고 영생을 얻게 하려 하심이라"(요 3:16)처럼 영원한 생명을 약속하며 우리를 영원으로 초대합니다. 초대 교부 아우구스티누스는 《고백록》 등에서 시간과 영원에 대한 이 진리를 잘 설명합니다. 기독교 변증가 C. S. 루이스(C. S. Lewis, 1898–1963)는 시간과 영원에 대한 성경의 내용을 다음과 같이 멋지게 설명했습니다.

> 오늘 밤 10시 30분에 100만 명이 동시에 기도한다 해도, 하나님은 우리가 '10시 30분'이라고 부르는 짧은 순간에 그 모든 기도를 들으실 필요가 없습니다. 하나님께 10시 30분은 언제나 '현재'입니다. …… 비슷한 예를 하나 들어 보겠습니다. 제가 지금 소설을 쓰고 있다고 합시다. 저는 "메리는 책을 내려놓았다. 그 순간 문 두드리는 소리가 들렸다!"는 문장을 쓰려고 합니다. 소설 속 가상의 시간 속에 사는 메리에게는 이 일들이 순간이라는 시간 간격에서 이루어진 일입니다. 그러나 메리의 창조자인 저는 그 가상의 시간 속에 살고 있지 않습니다. 그러니까 첫 문장을 먼저 써 놓고 두 번째 문장을 쓰기 전 세 시간 동안 메리에 대해 계속 생각할 수 있습니다. 제가 그렇게 보낸 시간은 메리의 시간(소설 속의 시간)에는 전혀 나타나지 않습니다. …… 작가가 소설 속 가상의 시간에 쫓기지 않는 것처럼 하나님도 시간의 흐름에 쫓기지 않으십니다. 하나님을 믿는 사람이라면 누구나 '하나님은 우리가 내일 할 일을 알고 계신다'고 믿습니다. 그러나 하나님이 정말 내가 내일 할 일을 알고 계신다면, 나에게는 자유가 없는 것 아닙니까?

…… 그러나 하나님을 시간의 흐름 밖, 그 위에 계시는 분으로 생각해 보십시오. 그렇다면 그는 우리가 '내일'이라고 부르는 날도 '오늘'처럼 보실 수 있습니다. 그에게는 모든 날이 '지금'입니다.[4]

성경은 과학적 시간을 말하려는 책이 아닙니다. 세상이 시간적으로 언제 만들어졌는지를 기록한 책이 아니라는 말입니다. 성경의 관심은 영원입니다. 그러면서 시간은 하나님이 만드신 피조물임을 말해 줍니다. 현대과학의 상대성 이론도 시간이 변하는 존재임을 보여줌으로써 이 주장에 힘을 실어줍니다. 시간은 우주가 움직이는 속도와 크기(중력)에 의해 길이가 변하는 신기한 존재입니다. 현대과학이 주장하는 138억 년이라는 오래된 우주의 시간이 성경에 큰 도전을 주고 있는 것은 사실이지만, 이런 과학적 주장이 성경의 진리를 무너뜨리지는 못합니다. 오히려 성경은 우리에게 피조물인 시간을 넘어 영원을 바라보게 합니다. 영원은 길고 긴 무한한 시간을 말하는 것이 아닙니다. 우리가 다 알지는 못해도 영원은 피조물인 시간의 개념을 벗어난 어떤 것입니다. 따라서 성경은 시간 속에 사는 유한한 피조물 인간에게 시간의 문제를 놓고 다투는 데서 벗어나 영원을 바라보라고 말하고 있습니다.

4) C. S. 루이스, "시간과 시간 너머",
《순전한 기독교》, 장경철 · 이종태 역
(홍성사, 2015), 260–264.

날 계수, 시간 속 유한한 인간

사람들은 역사 초기부터 세월을 계수하는 법을 발견하고 사용한
듯합니다. 창세기 5장을 보면 초기 믿음의 조상들이 나이를 세면서
세상에서의 시간을 계수하며 살았다는 것을 알 수 있습니다.
아마 그들도 지금 우리처럼 천체의 규칙적인 운동에서 그 답을
찾았을 것입니다. 하나님께서는 처음부터 해와 달과 별로 주야를
나누셨고, 징조와 계절과 날과 해를 이루도록 하셨습니다
(창 1:14). 그래서 우리도 지구의 공전, 달의 공전, 지구의 자전으로
년, 월, 일을 정하고 있습니다. 고대 이집트에서는 이미 해와 달의
천문 현상을 이용한 태양력(양력)을 만들어 사용했고, 날들을
수학의 10진법을 이용해 10일 단위로 구분했습니다. 고대
메소포타미아에서는 태양태음력(음력)을 사용했는데, 7일 단위로
날들을 구분하고 하루 24시간을 사용하였습니다. 우리나라를
포함한 동양도 이런 방식으로 오래전부터 날짜를 계수하며
살아왔습니다.

아브라함이 살았던 메소포타미아, 야곱과 그 가족이 큰
민족을 이루고 살았던 이집트, 모세의 인도로 이집트를 나온
후 여호수아와 이스라엘이 정착한 가나안, 이스라엘이 포로
생활기를 보낸 바벨론, 예수님과 제자들이 살았던 로마제국,
그리고 오늘날까지 각 지역과 시대에는 각각 다른 날짜 계산법이
있습니다. 교회사를 보면 신자들은 각각 다른 날짜 계산법으로
하나님의 명령에 따라 안식일, 절기, 혹은 주일을 지키며
살아왔습니다.

태양력의 원조라고 할 수 있는 고대 이집트 달력

고대 이집트의 태양력(양력)은 지구가 태양을 한 번 공전하는 365일(정확히는 365.2422일)을 1년으로 정하여 사용하였습니다. 이와 다르게 1년을 정의할 수 있는 방법은 1년에 12번 지구를 공전하는 달을 이용하는 것입니다. 달의 공전 주기인 29.5일(정확히는 29.53059일)을 12번 곱하면 1년은 354일이 됩니다. 이것은 태양력에 비해 1년당 11일이 짧기 때문에 해가 갈수록 태양에 의한 계절 변화에 큰 차이가 나는 문제가 생깁니다. 그래서 3년에 한 달 정도의 윤달을 넣은 태양태음력(음력)이 고대 메소포타미아 지역과 우리나라가 속한 동양에서 널리 사용되었습니다. 다만 윤달은 지역 문화와 종교에 따라 각기 달랐습니다. 고대 유대력도 이 음력을 사용했는데 유대 절기에 맞춰 윤달을 넣어 사용하였습니다. 그래서 유대 음력과 바벨론

포로기에 사용한 바벨론 음력은 차이가 있습니다. 음력은 양력과
달리 천문을 관측하여 그 지역의 형편에 따라 그때그때 윤달을
넣어야 하므로 복잡했습니다. 당시 점성술사 혹은 천문학자의
주 업무가 천문 관측을 통해 이 달력을 만드는 일이었습니다.
우리나라는 오랫동안 중국의 역법을 그대로 사용하다가 세종
때 와서야 천문 현상을 직접 관측하여 우리 자체의 역법(曆法)인
《칠정산七政算》(1444)을 만들어 쓰기 시작했습니다. 칠정이란
해와 달, 그리고 5행성을 말합니다. 이 도입과정의 이야기를 다룬
〈천문〉이라는 영화도 있었지요.

　　태양력의 원조라고 할 수 있는 고대 이집트 달력은 나일강의
물이 불기 시작하는 시점을 한 해의 시작으로 삼았다고 합니다.
물이 불기 시작하고 새벽하늘에 시리우스성이 뜨면 얼마 후부터
나일강이 범람하기 시작했거든요. 이집트는 나일강의 범람을
이용해 농사를 지었기 때문에 나일강의 변화는 그들의 큰
관심사였습니다. 양력과 음력을 같이 사용하던 로마는 B. C. 46년,
황제였던 율리우스 카이사르에 의해 4년마다 1년이 366일이
되는 윤년을 도입한 율리우스력을 제정하여 사용하였습니다.
1년을 365일이 아닌 365.25일의 좀 더 정확한 공전주기를
기준으로 하면 0.25일×4년=1일에 따라 4년마다 1년이 366일,
즉 윤년이 되는 것이죠. 그러나 이렇게 해도 정확한 공전주기는
365.2422일이므로 1,000년에 7.8일의 오차가 발생합니다.
그래서 1582년 로마교황 그레고리 13세는 400년 동안 윤년을
100번이 아닌 97번으로 줄인 그레고리력을 제작 공표하였습니다.
그리고 그해 10월 4일을 10월 15일로 바꾸어 버렸습니다. 지난

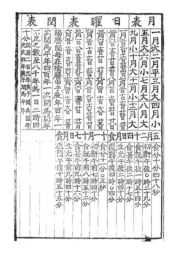

한국 역서 중 최초로 양력이 반영된 역서인 《대조선개국오백오년력》의
표지(좌)와 내지 첫 면(우). (출처: 〈국사관논총〉 103집)

1,600여 년간 발생한 오차 11일을 역사에서 없애 버린 것이죠. 그
직접적 배경은 이렇습니다. 325년 니케아 공의회에서 부활절을
춘분 후 첫 보름날 다음 주일로 정했는데 16세기에 와서 춘분이
3월 21일경에서 3월 10일경으로 당겨져 버리게 되었고, 이를
원래대로 되돌리기 위해 11일을 없애버린 것입니다. 이 새로운
달력은 많은 논란을 일으켰습니다. 특히 개신교 국가에서는
교황이 제정한 것이라는 이유로 이 달력을 받아들이지 않았고,
그 후 약 2세기 동안 유럽 전역이 두 개의 달력을 사용하는 일이
벌어졌습니다. 영국은 1752년, 미국은 1775년, 러시아는 1918년이
되어서야 그레고리력을 받아들입니다. 러시아 정교회는 지금도
공식적으로는 교황의 이 달력을 인정하지 않고 있습니다. 그래서

러시아 정교회의 성탄절은 지금도 여전히 율리우스력으로 12월 25일, 즉 그레고리력으로 1월 7일입니다. 우리나라는 1895년 을미개혁 때 그레고리력의 양력을 받아들였습니다.

로마는 이집트의 양력과 함께 고대 메소포타미아 지역에서 사용한 7요제를 도입하여 사용했습니다. 321년 콘스탄티누스 황제는 해와 달 그리고 수성, 금성, 화성, 목성, 토성의 5행성에서 이름을 따와 7일 단위의 요일을 정하고 336년에 안식일을 일요일로 확정합니다. 우리나라는 고대 이집트처럼 한 달을 초순, 중순, 하순 10일 단위로 구분하여 사용하다가 1895년 을미개혁 때 이 7요제를 도입하게 됩니다. 7요제가 도입되기 전 우리나라는 절기에 따라 놀고 쉬기는 했지만 7일마다 규칙적으로 쉬는 개념은 없었습니다. 지금은 주일뿐 아니라 토요일까지도 쉬는 경우가 많아 7요제의 고마움을 잘 모르지만 정기적으로 쉬는 날이 없던 때에 7요제 도입의 의미는 매우 컸을 것입니다. 덕분에 우리 신자들도 주일을 하나님께 예배드리면서 쉴 수 있게 되었습니다.

하루를 24시간으로 나눈 곳은 고대 메소포타미아였습니다. 그것이 로마로 이어졌습니다. 구약시대는 해시계로 시간을 정하고 사용한 듯합니다(왕하 20:9-11, 사 38:8 참고). 그런데 하루의 시작을 언제로 할 것인가에는 차이가 있었습니다. 예를 들어 유대는 지금의 오후 6시를 하루의 시작으로 보고 오전 12시간의 시작점으로 삼았고, 다음 날 아침 6시가 오후 12시간의 시작점이 되었습니다. 반면 로마는 지금의 밤 12시를 하루의 시작점으로 하여 낮 12시가 오후 12시간의 시작점이 되도록 하였습니다. 지금 우리가 사용하는 시간 체계와 같습니다. 이런 하루의 시간

체계가 다름에서 오는 차이가 신약성경 여기저기에 나타납니다. 마가복음 15장 25, 34절에 보면 예수님이 제 삼시에 십자가에 달리셔서 제 구시에 운명하십니다. 그런데 요한복음 19장 14절에 보면 예수님이 빌라도 앞에서 재판을 받는 시간이 제 육시로 되어 있습니다. 마가복음과 요한복음이 같은 시간 체계를 사용했다고 보기 어려운 것은 이 때문입니다. 마가복음은 유대 시간으로, 요한복음은 로마 시간으로 기록했다고 보면 쉽게 이해됩니다. 즉 예수님은 지금 우리의 시간으로 오전 6시에 빌라도 앞에서 재판을 받으시고 오전 9시에 십자가에 달리셔서 오후 3시에 운명하신 것입니다. 하루의 시간 체계는 1925년이 되어서야 전 세계가 자정을 하루의 시작으로 통일해서 사용하게 되었습니다.

시간을 살아가는 크리스천의 지혜

이렇게 년, 월, 주(週, 요일), 일은 사람이 정했고, 시대와 장소에 따라 다 달랐습니다. 각각의 날짜 계산법은 완전하지 않지만 나름대로 장단점을 가지고 있습니다. 지금의 그레고리력 양력도 여전히 오차가 있습니다. 사용하기에는 양력이 간편하지만 농사나 우리 일상에 달의 운동이 영향을 미치는 점을 고려하면 여전히 음력도 필요합니다. 그래서 우리나라는 양력과 음력을 같이 사용하고 있습니다. 태어난 날짜로 운명을 보는 사주를 믿는 사람들이 있습니다. 하지만 날짜 계산법의 불완전성을 생각하면 어리석은 일입니다. 우리는 하나님이 만드신 천체의 움직임에 따라 날을 계수하고 살지만, 날짜로 구분되는 시간을 붙잡을 수는 없습니다. 한 해 한 해 흘러가는 이 시간을 아끼고 지혜롭게 사용해야 하겠지요. 이것이 유한한 인간이 영원을 사모하며 이 땅을 살아가는 지혜일 것입니다.

빛과 소리,
세상을 감각하는 방법

사람들은 주로 눈으로 보고 귀로 들을 수
있는 것을 신뢰합니다. 현대과학은 빛과
소리를 사용하여 보고 듣는 기술 개발에
온 힘을 쏟고 있습니다. 그러다 보니
보이지 않고 듣지 못하는 것을 점점 더
믿기 어려운 시대가 되고 있습니다.

하나님은 첫째 날 빛을 창조하셨습니다. 빛은 다양한 용도로 이용되고 있지요. 빛의 시대라 할 만큼 찬란하고 화려한 빛이 우리 삶 깊숙이 들어와 있습니다. 휴대폰이나 TV 같은 디스플레이를 통해 많은 것을 눈으로 직접 볼 수 있고 각종 조명으로 밤을 낮처럼 밝힐 수 있습니다. 또 망원경을 통해서 멀고 먼 우주의 별들과 은하를, 현미경을 통해서 작고 작은 세균과 바이러스를 직접 볼 수 있습니다. 빛을 통해 많은 것을 볼 수 있지요. 직접 볼 수 있는 것들의 범위가 확장되어 갈수록 보이지 않는 영역을 말하기 어려워지고 있습니다. 소리는 어떤가요? 소리는 물질의 진동 현상입니다. 마찬가지로 이 진동 현상을 잘 활용하여 많은 것을 들을 수 있는 시대가 되었습니다. 이스라엘 백성들이 시내 산에서 하나님의 음성을 듣고 "죽을까 두렵다"고 하면서 모세더러 대신 듣고 전해달라고 했던 사건이 있었습니다(출 20:18-19). 이스라엘 백성들은 창조주인 하나님의 음성을 어떻게 들을 수 있었을까요?

세상을 보는 방법, 빛

과학은 빛의 원리를 이해하고 빛을 만드는 방법을 찾아냈습니다. 그뿐 아니라 빛을 유익하게 활용하도록 해주었습니다. 우리는 빛으로 밤을 낮같이 밝힙니다. 각종 정보를 TV, 컴퓨터, 휴대폰 화면을 통해 쉽게 얻을 수 있는 것도, 추운 겨울을 따뜻하게 지낼 수 있는 것도 다 이 빛 때문입니다. 우리를 따뜻하게 해주는 열도 적외선이 빛의 일종이기 때문입니다. 밝고 따뜻한 빛은 우리가 편안하고 안락한 삶을 살 수 있게 해줍니다.

빛은 그 크기가 아주 작을 뿐 아니라 움직이는 속도도 너무 빨라 정체를 파악하기가 쉽지 않습니다. 과학이 현재까지 밝힌 바로는 빛은 광자(혹은 광양자, photon)라는 알갱이(입자)같이 생겼으면서 동시에 소리와 같은 파동처럼 생겼습니다. 이 말은 빛이라는 물질 입자가 파동처럼 흔들리면서 움직인다는 말이 아닙니다. 오히려 빛은 입자도 아니고 파동도 아닌 존재라는 말입니다. 즉 빛은 작은 알갱이(입자)처럼 보이지만 실은 물질 알갱이가 아니고, 소리와 같은 파동처럼 보이지만 그렇다고 순수한 현상도 아닙니다. 소리는 공기나 물질의 진동이라는 현상인데, 빛은 그런 것이 아닙니다. 빛은 물질도 아니고 현상도 아닌 신비한 하나님의 창조물입니다. '물질 같은 현상'이라고 불러야 할까요?

빛은 물질과 물질이 아닌 것의 경계에 있습니다. 우리가 만지고 볼 수 있는 물질을 계속 쪼개어 나가면 원자에 도달하고, 더 쪼개어 나가면 소립자, 그보다 더 쪼개어 나가면 물질과 물질 아닌 것의 경계에 도달하게 되는데 빛이 바로 그런 존재입니다. 이 경계에서는 물질이 에너지가 되고 에너지가 물질이 되는, 즉 물질이 생기기도 하고 사라지기도 하는 일이 일어납니다. 따라서 빛은 비물질과 물질을 연결하는 매개체라 할 수 있습니다. 물질의 원천이라고도 말할 수 있습니다. 빛에서 물질이 나오고 물질에서 빛이 나오는 것입니다.

또 빛은 소리처럼 진동하는 현상의 성질을 띱니다. 소리가 진동수(주파수)에 따라 높고 낮은 각종 소리가 되듯이 빛도 진동수에 따라 각종 다른 빛이 됩니다. 우리가 일반적으로 빛으로 알고 있는, 우리 눈에 보이는 빛은 가시광선(visible light)이라는 아주 특수한 빛입니다. 가시광선이라는 빛이 더 많이 진동하면 보라색을 띠고, 더 적게 진동하면 붉은색을 띱니다. 우리가 보는 다양한 색은 모두 가시광선이라는 빛의 진동 때문에 생깁니다. 이 말은 물질 자체는 색을 갖고 있지 않다는 말입니다. 다소 이해하기 어려울 수 있지만 과학의 개념으로 보면 붉은 장미가 붉은색을 품고 있는 것이 아닙니다. 다만 장미는 붉은색의 빛을 잘 반사하는 물질을 품고 있을 뿐입니다. 장미 자체에서는 붉은색이 나올 수 없습니다. 즉 물질에는 색이 없습니다. 물질 자체는 색을 가지고 있지 않습니다. 모든 색은 빛에서 나옵니다. 빛이 없으면 아름다운 색깔도 없습니다. 그런 점에서 색은 빛에 의해 생기는 실체 없는 현상에 불과합니다.

과학은 빛을 전자기파(전자파)라 부릅니다. 이 세상은 전자파로 가득 차 있습니다. 전자와 같은 전하가 에너지를 내는 현상이 빛입니다. 빛의 질량은 0으로 가장 가벼워 가장 빠르게 움직입니다. 그 속도는 현재 초속 30만 km로 알려져 있습니다. 또 빛은 똑바로 갑니다. 학자들은 빛이 파동인지 입자인지를 놓고 오랫동안 논쟁을 해왔습니다. 위에서 살핀 대로 현재는 파동이면서 입자, 혹은 파동도 아니고 입자도 아닌 존재로 알려져 있습니다. 상대성 이론 등의 현대과학은 이 빛을 절대적 기준으로 사용하고 있습니다.

사람은 빛 중에서 가시광선이라는 아주 좁은 범위의 빛만 볼 수 있습니다. 우리가 볼 수 있는 이 가시광선은 전통적으로 빨간색, 주황색, 노란색, 초록색, 파란색, 남색, 보라색의 7가지 색을

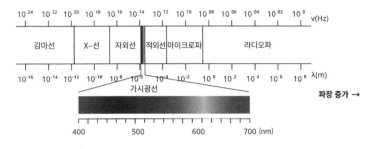

빛의 종류. 우리가 보는 가시광선은 빛의 극히 적은 일부이다.

말합니다. 앞서 말씀드렸듯이 우리가 볼 수 있는 세상의 색깔은 다 빛의 흡수와 반사로 인한 것입니다. 동물 중에는 사람보다 더 넓은 범위의 빛을 보는 종이 많습니다. 고양이는 열(적외선)을 눈으로 볼 수 있습니다. 우리는 몸으로 열을 느낄 뿐 볼 수는 없는데 동물들은 눈으로 열을 보고 행동합니다. 그래서 밤에도 자유롭게 활동할 수 있는 것입니다. 우리가 볼 수 없는 빛 중에서 자외선(UV)이라는 빛도 있습니다. 자외선은 가시광선보다 에너지가 강해 작은 미생물을 죽이거나 피부를 태웁니다. 그보다 더 많이 진동을 하는 빛으로는 X선(X-ray)이나 감마선(방사선)이 있습니다. 이 빛들은 너무 에너지가 강해 우리 몸을 뚫고 나가거나 우리 몸의 DNA를 변형시킬 수도 있습니다. 사람의 눈으로는 도저히 볼 수 없고 특수한 기계로만 볼 수 있습니다. 이와 반대로 아주 느린 진동의 빛에는 방송이나 통신 등에서 사용하는 마이크로파나 라디오파 등이 있습니다. 이 역시 우리는 볼 수 없고 라디오나 휴대폰과 같은 기계로만 그 빛의 존재를 알 수 있습니다.

세상을 듣는 방법, 소리

2019년 대학생들과 봉사활동으로 탄자니아에 다녀온 적이
있습니다. 그곳 아이들 특유의 경쾌한 율동과 노래에 제 몸과
마음이 따라 움직이는 걸 보면서 음악이 문화와 언어의 장벽을
허물어뜨리는 경험을 했습니다. 하나님이 창조하신 모든 것은
아름답지만 그중에서도 음악은 특별한 것 같습니다. 찬양과
음악이 빠진 기독교를 생각할 수 있을까요? 음악은 우리의 예배를
풍성하게 채워주며, 완성된 하나님 나라에서도 영원히 존재할
것입니다.

　　과학의 눈으로 보면 소리는 물체의 떨림(진동) 현상입니다.
음악은 악기나 사람의 성대가 공기를 진동시켜서 그 파동을
우리 귀에 전달하는 현상입니다. 그런 점에서 소리는 실체가
없습니다. 바꾸어 말하면 음악의 소리는 우리가 붙잡을 수 있는
현상이 아니라는 것입니다. 공기의 진동은 우리 귀에 전달된 뒤
사라져버립니다. 그런데 과학이 금방 사라져버리는 소리 파동을
그 모양 그대로 아날로그 방식이나 디지털 코드로 저장하는 기술을
개발했습니다. 이러한 녹음 기술과 음향 저장 매체 때문에 소리가
마치 실체인 것처럼 생각되기도 하지만, 재생된 소리도 공기를
진동시켜 우리 귀로 전달한 후에는 사라집니다. 그러니 음악은
공기가 없으면 존재할 수 없습니다. 물이나 땅을 통해서도 진동이
전달되기는 하지만 그것은 공기의 진동과 전혀 다른 소리가 되고
사람의 귀로 듣기도 어렵습니다.

　　음악의 도레미 음계 구성도 이 진동 현상과 관련이 있습니다.

소리의 파동이 1초에 몇 번 진동하는가를 진동수[혹은 주파수, 단위는 헤르츠(Hz)]라 하는데, 진동수에 따라 서로 다른 높이의 소리가 납니다. 서양 음계의 기준이 되는 '라(A)' 음은 440Hz입니다. 즉 무엇이든 1초에 440번 진동하면 '라' 음이 됩니다. 이 '라'를 기준으로 도는 264Hz, 레는 297Hz, 미는 330Hz, 파는 352Hz, 솔은 396Hz 등 음계가 만들어졌습니다. 신기하게도 우리 귀는 1초에 440번의 2배로 진동하는 880번, 또 그 2배인 1,760Hz, 또 그 2배인 3,520Hz도 음의 높이(옥타브)만 다르지 모두 같은 '라' 음으로 듣습니다.

한국에 사는 모기는 날갯짓을 1초에 600번 하기 때문에 모기의 '윙~' 소리는 높은 '레'(297Hz의 2배) 음에 가깝습니다. 파리의 날갯짓은 230Hz(440÷2)로 낮은 '라' 음에 가깝습니다. 그런데 소리를 전달하는 공기는 기온이나 습도에 따라 변하기 때문에 같은 음이라도 낮과 밤이 다르고, 겨울 모스크바에서 듣는 것과 여름 적도에서 듣는 것이 다릅니다. 물론 사람의 귀는 그 차이를 잘 구분하지 못합니다. 현재 국제적으로 '라' 음을 440Hz로 표준화해 두었지만 교향악단에 따라 실제로는 436~448Hz로 조금씩 다르게 연주한다고 합니다.

여러 음이 아름다운 조화를 이루는 화음 현상도 진동 때문에 생기는 것입니다. 이미 고대 그리스인들은 소리의 진동수 비율이 4:5:6인 음들을 동시에 혹은 연속적으로 들을 때 아름답고 조화로운 소리가 되는 것을 알았습니다. 도, 미, 솔은 진동수가 264:330:396으로 4:5:6입니다. 파, 라, 도나 솔, 시, 레 역시 4:5:6의 진동수 비율을 가지며 듣기 좋은 화음을 이룹니다. 그런데 음악이 발달하며 조옮김 같은 음악적 기법이 생기면서 문제가 생겼습니다. 도에서 한 옥타브 위의 도까지 각 음 사이의 진동수 간격이 다 달라 조옮김을 했을 때 화음이 잘 이루어지지 않는 것입니다. 그래서 인위적으로 각 음의 간격을 똑같이 만들어 이 문제를 해결했습니다. 이것이 오늘날 널리 쓰이는 평균율 음계입니다. 이 평균율 음계는 인위적으로 음정을 조정해 놓은 것으로 한계를 지니고 있기 때문에 이를 넘어서는 새로운 음계를 찾는 일과 아름다운 조화를 이루는 새로운 화음을 찾는 일이 계속되고 있습니다. 소위 불협화음으로 알고 있던 음정에서 화음을 찾으려는 것입니다. 그런데 그렇게 만든 화음이 정말로 아름다운 화음인지 아니면 현대인을 불협화음에 익숙하게 만드는 것인지는 쉽게 판단할 수 없는 문제입니다. 어떻게 생각하나요? 음악과 소음의 경계를 없애려는 시도가 존재하기도 하죠. 아무튼 음악은 변해왔고 또 변하고 있습니다. 하나님께서는 소리 안에도 질서와 조화를 두셨고, 이것으로 아름다운 음악을 만들게 하셨습니다.

사람이 들을 수 있는 소리는 20~20,000Hz 사이의 소리입니다. 그중 3,500Hz를 가장 잘 듣습니다. 그래서 비상벨, 소방차나 응급차량 사이렌은 주로 3,520Hz의 '라' 음을 사용하고 있습니다. 15,000Hz 이상의 소리는 청소년 때는 잘 들리지만 나이가 들수록 잘 들리지 않습니다. 사람이 들을 수 없는 20,000Hz 이상을 초음파라고 합니다. 사람은 초음파를 들을 수 없지만 개는 50,000Hz, 고양이는 60,000Hz의 소리도 듣습니다. 심지어 박쥐는 120,000Hz의 소리도 들을 수 있습니다. 반대로 사람이 들을 수 없는 20Hz 이하를 초저음파라 하는데 뱀이나 개구리는 그 소리를 잘 듣습니다. 코끼리도 10Hz 언저리의 소리로 서로 대화합니다. 나비는 1초에 10번 날갯짓을 하므로 사람은 나비의 날갯짓 소리를 들을 수 없습니다. 숲속 곤충들은 초음파로 목청껏 노래하고, 갖가지 생명체들은 초저음파를 내면서 날아다니고 기어 다닙니다. 산이나 숲을 거닐며 고요하다고 느낄 때, 그곳에는 실제로 무수한 초음파와 초저음파 소리가 가득 차 있습니다. 우리에게 들리지 않을 뿐이죠. 사람이 만일 그 소리를 다 들을 수 있었다면 시끄러워서 도저히 숲에 들어갈 수 없을 것입니다. 아마 밤중에는 잠을 한숨도 자지 못할 것입니다. 심장 뛰는 소리, 벌레 기어 다니는 소리가 쉴 새 없이 들릴 것이기 때문입니다.

소리의 높낮이뿐 아니라 사람이 들을 수 있는 소리의 크기에도 한계가 있습니다. 소리의 크기는 소리의 진동 폭과 관련 있습니다. 소리의 크기는 데시벨(dB)로 표시합니다. 사람은 0~130dB의 소리만 들을 수 있습니다. 낙엽 떨어지는 소리가 10dB이고 공습경보나 비행기 소음이 120dB입니다. 사람이 들을 수 있는 가장 작은 소리가 0dB이고 그보다 10배 큰 소리가 10dB, 100배 큰 소리가 20dB과 같이 10의 배수로 표시한 것입니다. 사람은 그보다 작은 소리나 그보다 더 큰 소리는 들을 수 없습니다. 이스라엘 백성들이 시내산에서 하나님의 음성을 듣고는 "죽을까 두렵다"고 하면서 모세더러 대신 듣고 전해달라고 했던 사건이 있습니다(출 20:18-19). 하나님의 엄위로 인한 두려움 때문일 수도 있지만, 인간의 한계를 넘어서는 소리에 대한 공포 때문이었을 수도 있지 않을까요?

빛과 소리의 한계, 보고 듣는 우리의 태도

성경은 하나님의 영광과 예수님을 빛에 비유합니다. 진리도 빛이라고 말합니다. 하나님과 진리를 창조물인 빛으로 다 설명할 수 있는 것은 아니지만, 현대과학이 밝혀내는 빛의 속성을 알면 알수록 하나님께서 왜 첫째 날 시공간과 함께 빛을 만드신 것인지 어렴풋이 짐작해 볼 수 있습니다. 그것은 빛이 둘째 날부터 시공간을 채워 나갈 물질이나 현상의 원천이기 때문일 것입니다.

앞에서도 살펴보았지만 빛의 종류는 아주 많고, 그중 우리 인간은 가시광선이라 불리는 아주 좁은 범위의 빛만을 볼 수 있습니다. 빛에 관한 과학적 지식을 통해서 우리가 눈으로 볼 수 있는 것이 결코 이 세상의 전부가 아니며, 오히려 볼 수 없는 것이 훨씬 더 많다는 사실을 배웁니다. 물리적인 세계만 해도 우리가 볼 수 없는 것투성이인데 영적인 세계는 더 말할 필요도 없겠지요? 그리고 우리가 보는 매체인 빛도 하나님이 만드신 피조물입니다. 성경은 하나님의 영광을 빛으로 묘사하지만, 실제로 그 영광은 피조물인 빛으로는 다 알 수 없습니다. 하나님께서 사람의 눈으로 볼 수 있게 성육신하셨다는 것은 신비 중의 신비입니다. 따라서 우리는 눈에 보이는 것만 믿고 그것이 세상의 전부인 양 이해하고 판단하는 것이 잘못된 것임을 기억할 필요가 있습니다. 하나님이 창조한 세계의 풍부함과 다양함을 안다면 우리가 보고 듣는 것이 얼마나 부분적인 것인지 알게 됩니다.

소리도 마찬가지입니다. 우리가 말하고 듣는 것이 소리의 전부가 아니라는 사실은 우리를 겸손하게 하는 동시에 감사하게 합니다. 하나님이 만드신 소리를 전부 듣게 된다면 달콤한 휴식이나 잠, 고요함은 없었을 것입니다. 무수한 소리를 창조하셨음에도 우리에게 일부만 듣게 하신 것은 우리를 향한 하나님의 배려이며 사랑이라 할 수 있습니다. 우리가 들을 수 있는 소리가 극히 일부분에 불과하다는 사실은 소리로 만든 음악 역시 불완전하다는 것을 깨닫게 합니다. 우리의 찬송에는 한계가 있을 수밖에 없습니다. 사람이 가장 아름다운 곡을 만들어 찬송한다 해도 넓고 깊고 풍성한 소리를 만드신 하나님께는 한없이 부족할 것입니다. 찬송의 아름다움이라는 기준이 결국 사람이 들을 수 있는 소리의 한계 안에서 정해진 것이기 때문입니다. 사람의 귀에 들리지도 않고 또 들린다 한들 소음으로 느껴질지 모르는 곤충의 소리가 하나님에게는 아름다운 찬양이 될 수 있습니다. 그러니 우리는 찬송 부르는 것에 힘쓰되 우리가 가진 한계를 늘 인식해야 할 것입니다. 그래야 한없이 부족할 수밖에 없는 우리의 찬송을 기쁘게 받아주시는 하나님의 풍성한 자비와 은혜를 알 수 있을 것이기 때문입니다.

우리는 한계가 분명한 소리를 통해 다른 이들과 소통하고 마음을 나누고 기도하고 찬양합니다. 영이신 하나님이 우리 눈에 보이지 않듯, 우리는 하나님의 음성을 들을 수 없습니다. 그런 우리를 불쌍히 여기셔서 하나님이 인간으로 오셨습니다. 우리가 하나님께 기도할 때 성령님을 통해 듣는 하나님의 음성은 과학으로는 결코 설명할 수 없는 일입니다.

지극히
작고 작은
원자의 세계

현대과학은 눈에 보이지 않는 작은
원자로 세상이 이루어졌다고 말합니다.
그리고 원자보다 작은 소립자의 존재도
밝혀냈습니다. 상대성 이론과 양자역학을
통해 에너지에서 이 소립자라는 물질이
만들어지는 것도 알아냈지요. 하나님은
세상을 만드실 때 왜 이토록 작은 원자로
만드셨을까요?

중세에서 근대로 넘어가는 시기, 한때 로마 가톨릭교회는 원자론을
부정적으로 생각했습니다. 로마 가톨릭의 성찬론인 화체설은
성찬 때 떡과 포도주가 실제로 그리스도의 몸과 피로 변한다고
주장하는데, 원자론이 화체설과 모순된다는 것입니다. 원자는
나눌 수도 없고 시공간이 바뀌어도 절대로 변하지 않는 작은
입자이기 때문에 원자론에 의하면 빵과 포도주가 예수 그리스도의
몸으로 변한다는 것은 있을 수 없는 일이기 때문입니다.
물론 개신교 크리스천들은 화체설을 믿지 않습니다. 그렇지만
혹시 원자론 때문에 예수님의 성육신이나 육체의 부활, 그리고
오병이어 같은 성경의 기적을 믿는 데 어려움이 있지는 않나요?
하나님이 세상을 만드신 기본 재료, 원자의 신비를 살펴봅시다.

원자로 구성된 세상

우리는 쏟아질 듯한 밤하늘의 별이나 아름다운 자연을 보며
위대하신 하나님을 찬양합니다. 창조의 위대함을 거대한 우주와
웅장한 대자연을 보며 깨닫는 것입니다. 그런데 하나님 창조의
위대하심은 비단 크고 웅장한 것에서만 드러나는 게 아닙니다.
현대과학을 통해 우리는 큰 세상뿐 아니라 눈에 보이지 않을
정도의 작은 세상에 대해서도 알게 되었습니다. 현미경은 눈에
보이지 않는 수많은 생명체의 존재를 발견하게 했습니다. 우리
몸만 해도 1조~100조 마리의 작은 생명체가 우리와 함께 살아가고
있습니다. 우리 몸뿐 아니라 땅과 물에도 작은 생명체들이

가득합니다. 작은 세상에는 이러한 작은 생명체보다도 더 작은 것들이 있습니다. 바로 원자와 분자입니다. 원자는 생명체나 물질을 구성하는 가장 작은 입자이고, 분자는 원자들이 모여 물질의 고유한 성질을 띠게 하는 가장 작은 입자입니다. 예를 들어 물을 이루는 가장 작은 입자인 물 분자는 수소 원자(H) 2개와 산소 원자(O) 1개로 이루어져 있고 H_2O라 표기합니다. 물은 셀 수 없이 많은 H_2O 분자로 이루어져 있습니다. 원자나 분자는 크기가 너무나 작아 사람의 눈은 물론 현미경으로도 볼 수 없습니다. 만약 물 분자를 탁구공 크기로 가정한다면 실제 탁구공은 우리가 사는 지구 정도의 크기라고 할 수 있습니다. 그처럼 분자의 크기는 작습니다. 우리가 마시는 물 한 모금에는 약 10^{23}개(1 다음에 0이 23개 즉 1조×1천억 개)의 물 분자가 들어 있습니다. 이는 인간이 지금까지 발견한 별의 수(10^{22}개)보다 많은 수입니다. 물 한 모금에 들어 있는 물 분자 수는 사하라 사막의 모래 알갱이 수만큼이나 많습니다. 물 한 모금이 이러하니 바다나 강 속에 있는 물 분자의 수는 말해 무엇하겠습니까? 마찬가지로 우리 몸을 이루는 원자와 분자도 셀 수 없을 정도로 많습니다. 하나님은 이렇게나 많은 원자로 세상을 만드셨습니다.

작은 것으로 세상을 운영하시는 하나님

과학 시간에 '시저의 마지막 숨'을 들어 원자나 분자를 설명하는 경우가 있습니다. 로마 황제 시저가 친구 브루투스에게 암살당할 때 "브루투스 너마저도……" 하면서 마지막 숨을 거두었다는 건 많이들 알고 있는 이야기입니다. 시저가 죽으면서 내뱉은 이 마지막 숨 속의 공기 원자의 개수와 공기의 이동을 계산해 보면 우리가 매 순간 숨을 쉴 때마다 시저가 내뱉었던 마지막 공기의 원자를 한두 개씩 들이키며 살아간다는 결론에 도달하게 됩니다. 신자에게는 예수님을 예로 드는 것이 더 좋겠지요? 2천 년 전 이 땅에 오신 예수님께서 십자가에서 뱉은 마지막 숨에 담긴 공기의 원자를 우리는 매 순간 한두 개씩 마시며 살아가고 있습니다. 그렇게 성육신하신 예수님의 몸을 이루었던 많은 원자들이 지금 우리 몸을 이루고 있습니다. 육체로 오신 예수님과 우리가 동일한 원자를 공유하고 있다는 것을 알면 성육신이 좀 더 현실감 있게 다가오지 않나요?

우리는 다른 식물과 동물을 먹어서 그 원자로 우리의 몸을 이룹니다. 우리가 죽고 나면 우리 몸을 이룬 원자는 또 다른 생명체의 몸을 이루게 되지요. 이를 과학에서는 생명 전체가 이루는 하나의 세상, 곧 생태계라 부릅니다. 생태계를 소중히 가꾸고 보살펴야 할 이유가 여기에 있습니다. 원자는 나이를 먹지 않습니다. 하나님은 태초부터 지금까지 작은 원자 하나조차 낭비 없이 피조 세계를 순환하며 사용되도록 하셨습니다. 이것이 하나님의 창조 방식입니다.

그런데 하나님이 만드신 작은 세상에는 원자보다 더 작은 것이 또 있습니다. 원자를 쪼개어 나가면 더 작은 세계로 들어갑니다. 현대과학은 이를 소립자라 부릅니다. 그리고 마침내 이 세상에서 가장 작은 피조물인 '빛'에 이릅니다. 빛의 질량(무게)은 0입니다. 그래서 빛을 물질이라 하기는 어렵습니다.

빛은 물질과 물질이 아닌 것의 경계에 있습니다. 물질과 물질 아닌 것의 경계에서는 끊임없이 물질이 아닌 빛(혹은 에너지)이 물질이 되고, 물질이 빛이 되는 일이 일어납니다. 이를 설명하는 공식이 그 유명한 아인슈타인의 $E=mc^2$입니다. 이 공식에서 E는 에너지, m은 질량(물질), 그리고 c는 상수인 빛의 속도입니다. 이 식은 에너지(E)가 물질(m)이 되고, 물질이 에너지가 되는 현상을 기술합니다. 에너지는 곧 물질이라는 것입니다. 우리는 핵발전소, 핵폭탄, 태양 등에서 이 공식이 사실임을 확인합니다. 원자를 이루는 원자핵이 사라지면서 이 공식대로 엄청난 양의 에너지가 발생하는 것입니다. 반대로 입자가속기라는 장치를 통해 에너지에서 소립자라는 물질이 생기는 것을 확인하여 이 공식을 증명할 수 있습니다. 이처럼 아주 작고 작은 세상에서는 물질이 생겨나거나 사라지는 일이 계속해서 일어나고 있습니다. 하나님의 창조는 지금도 계속되고 있다고 할 수 있지요.

현대과학에서 원자나 빛처럼 작고 작은 세상을 설명하는 분야가 양자론(혹은 양자역학)입니다. 현대사회에서 컴퓨터, 휴대폰, TV 등 전자기기는 매우 흔한 제품이지요. 이들은 반도체라는 물질 내에 존재하는 전자나 빛처럼 작은 존재들의 운동으로 작동합니다. 양자론은 이 작은 세상의 운동을 수학적으로 정교하게 예측하게 해줍니다. 작은 세상을 연구하는 양자론이 없었다면 오늘날 정보통신 시대는 없었을 것이라 해도 과언이 아닙니다. 현대과학은 이렇게 작고 작은 세상을 이해함으로써 우주 같은 큰 세상 못지않은 신비로운 하나님의 창조 세계를 보여줍니다.

원자를 설명하는 이론, 원자론

원자론은 고대 그리스의 데모크리토스(B. C. 470–400)까지 거슬러
올라갈 수 있습니다. 데모크리토스는 물질을 쪼개고 또 쪼개면
결국 맨 나중에 더이상 쪼갤 수 없는 작은 입자가 얻어진다고
주장하고, 그 마지막 작은 입자를 "분할(tom)이 불가능한(a–)
입자"(atom, 아톰 또는 atomos, 아토모스)라고 하였습니다. 그러나
고대 그리스의 아리스토텔레스는 이 원자론을 인정하지
않았습니다. 아리스토텔레스는 물질은 연속체라고 생각했고,
따라서 빈공간이 끼어들 수 없다고 생각했습니다. 그는 물체는
무한히 분할될 수 있다고 여겼습니다. 아리스토텔레스는 만물은
불, 공기, 흙, 물 네 가지 기본 원소로 이루어져 있다는 '4원소설'을
받아들였습니다. 아리스토텔레스가 중세 학문의 최종 권위를
지니게 되자 사람들은 데모크리토스의 원자 개념을 저 멀리
던져 버렸습니다. 여기에 더해 원자론이 묻히게 된 다른 중요한
원인으로는 앞서 언급한 로마 가톨릭교회의 화체설이 있습니다.
그러나 종교개혁이 일어나게 되면서 종교개혁이 일어났던
지역을 시작으로 고대 원자론이 다시 고개를 들기 시작했습니다.
종교개혁 이후 원자론을 받아들인 사람으로는 보일, 로크, 뉴턴
등이 있습니다. 마침내 영국의 돌턴(J. Dalton, 1766–1844)이
1808년에 그의 《화학철학의 신체계》에서 다음과 같은 원자론을
주장하게 됩니다.

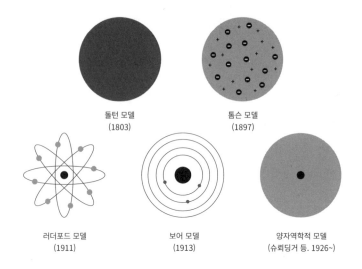

돌턴 모델
(1803)

톰슨 모델
(1897)

러더포드 모델
(1911)

보어 모델
(1913)

양자역학적 모델
(슈뢰딩거 등. 1926~)

원자 모델의 변천. 돌턴은 원자를 가장 작은 입자로 보았고, 톰슨은 원자핵과 전자가 원자 내부 여기저기 분포해 있다는 모델을 제시했다. 그후 러더포드는 원자핵이 원자 중앙에 모여 있다는 모델을 제시했고, 보어는 여기에 더해 전자가 원자핵 주위로 정해진 궤도를 돌고 있다는 모델을 제시했다. 현대과학이 인정하는 양자역학적 모델은 정확한 궤도 대신 전자가 원자핵 주위에 확률적으로(오비탈) 분포해 있다고 본다.

1. 모든 물질은 더이상 쪼개질 수 없는 작은 입자인 원자로 구성되어 있다.

2. 같은 원소의 원자는 크기, 모양, 질량 등 모든 성질이 같고, 다른 종류의 원자는 성질이 서로 다르다.

3. 화학변화가 일어날 때 원자는 새로 생기거나 없어지지 않는다.

4. 화합물은 두 종류 이상의 원자들이 간단한 정수비로 결합하여 만들어진다.[5]

돌턴의 원자론은 오늘의 관점에서 보면 몇 가지 수정을 필요로 합니다. 원자는 더 작은 입자인 양성자, 전자, 중성자로 구성되어 있으며 쪼개질 수 있습니다. 또 같은 종류의 원자라 하더라도 질량이 다를 수 있습니다. 동위원소가 바로 이러한 경우입니다. 인류가 원자론을 인정하는 데까지는 100년 정도의 시간이 더 흘러야 했습니다.

원자를 통해 배우는 것

이 세상과 모든 생명체는 원자로 이루어져 있습니다. 현대과학은 원자론을 정설로 받아들이고 있습니다. 원자론의 세부 이론은 돌턴 이후 많은 변화가 있었습니다. 지금 현대과학은 양자역학 모델을 정설로 받아들이지만, 눈에 보이지 않는 원자 이론을 이해하는 게 쉽지는 않습니다. 원자핵과 그 주위에 있는 전자들이 오비탈이라 불리는 확률적 궤도함수로 표시됩니다. 원자핵을 도는 전자가 정확히 어디 있는지 모른다는 것입니다. 이를 불확정성 원리라 부릅니다. 현대과학은 세상을 이루는 미시 세계를 이해하고, 물질 합성, 반도체나 나노기술 등에서 원자들을 원하는 대로 직접 다루는 단계까지 왔습니다. 이 분야를 더 공부하고 연구해보고 싶지 않나요?

5) 레이몬드 창, 《일반화학》,
   일반화학교재연구회 역
   (자유아카데미, 2006), 42.

우리가 죽고 나면 우리 몸을 이룬 원자와 분자는 또 다른 생명체의 몸을 이루게 된다고 말씀드렸습니다. 원자는 나이를 먹지 않습니다. 우리는 나이가 들면 죽지만 우리 몸을 이루는 원자는 태초부터 지금까지 변함없이 동일합니다. 신기하지 않나요? 하나님은 태초부터 지금까지 작은 원자들이 하나도 낭비되지 않고 피조 세계 전체를 순환하며 사용되도록 하셨습니다. 이것이 하나님이 원자로 세상을 만드신 이유일 것입니다. 인간이 하나님의 피조물을 잘 다스리고 보살펴야 하는 이유가 여기 있습니다. 모든 피조물은 원자를 낭비 없이 공유하고 살게 되어 있기 때문입니다.

덤.　　　스티븐 호킹 다시 보기

스티븐 호킹은 우주 기원에 대한 빅뱅
이론을 주장한 대표적 과학자입니다. 이
주장과 함께 그는 하나님은 없다는 종교적
신념을 표방했습니다. 과학적 기원론인
빅뱅 이론은 우리 기독교가 민감하게
반응하는 과학적 주제 중 하나입니다.
우리는 빅뱅 이론을 어떻게 봐야 할까요?
과연 이 세상은 어떻게 시작되었을까요?

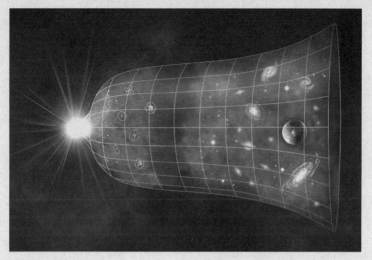

빅뱅 이론을 설명하는 그림. 가로축이 138억 년의 시간을 표시하고 세로축은 공간의 크기를 표시한다.

빅뱅 이론은 지금으로부터 138억 년 전 무한히 높은 온도와 밀도를 가진 특이점(singularity)이라는 한 점에서 세상이 시작되었고, 138억 년 동안 변하여 지금의 우주가 되었다는 주장입니다. 시간, 공간, 에너지, 물질 등 세상의 모든 것이 빅뱅으로부터 시작되었다는 것입니다. 빅뱅 이론은 빅뱅이 일어난 지 10^{-43}초라는 아주 짧은 시간이 지난 후부터 다루는데 그 이유는 빅뱅의 순간은 과학으로 정의할 수도, 설명할 수도 없기 때문입니다. 이 이론에 대한 직접적인 천문학적 증거는 빅뱅 이후 38만 년이 지난 빛을 관측했다는 것입니다. 즉 현재로써는 38만 년 이전의 현상에 대해서는 관측이 아닌 이론적 설명이 가능할 뿐입니다. 물론 입자가속기라는 거대한 실험 장치를 사용하여

빅뱅 초기에 입자가 형성되는 과정을 재현하는 실험적 증거들이
있지만 말입니다. 빅뱅 이론과 관련한 과학적 사실 외의 다른
주장들은 다소 형이상학적 주장이거나 종교적 신념일 가능성이
높습니다.

스티븐 호킹의 과학적 업적

2018년 3월 14일 영국 물리학자이자 천문학자인 스티븐
호킹(Stephen Hawking, 1942–2018)이 세상을 떠났습니다. 잘
알려졌듯이 호킹은 루게릭병으로 인해 점점 마비되어 가는 뒤틀린
몸으로 휠체어에 앉아 음성 합성기로 의사소통을 하는 삶을
살았지만, 활발한 과학 활동으로 온 인류를 감동시킨 인물입니다.
살아서는 뉴턴과 같은 캠브리지 대학교의 루카스 석좌교수로
있었고, 죽어서는 영국 왕실 교회인 웨스트민스터 사원에 뉴턴
그리고 찰스 다윈과 나란히 묻혔습니다. 그의 명성이 얼마나
대단했는지 엿볼 수 있겠지요?

　호킹의 과학적 업적은 빅뱅의 특이점, 블랙홀 복사(증발),
빅뱅의 무경계, 양자 중력 등 양자 우주학으로 요약할 수 있습니다.
그는 우주가 특이점이라는 시공간의 한 점에서 시작한다는
주장으로 우주가 138억 년 전 소위 대폭발로 시작했다는 빅뱅
이론을 지지했습니다. 그러다 나중에는 양자역학(원자와 같은
아주 작은 세계를 다루는 과학)을 도입함으로써 기존에 했던 주장을
수정하여 빅뱅이 시작된 시작점은 따로 없다는 무경계 이론을

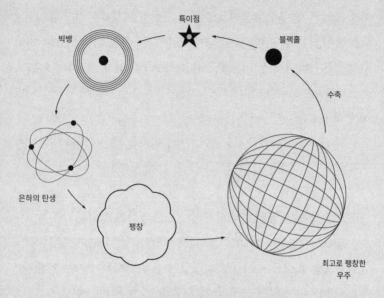

호킹이 주장한 우주의 시작과 끝

펼치는 데로 나아갔습니다. 또 별이 수명을 다하여 크기가 극도로
작아지면 중력이 너무 커져서 빛조차도 빠져나올 수 없다는
블랙홀 이론에 양자역학의 불확정성 원리를 적용하여 기존
이론과는 달리 물질이 블랙홀에서 빠져나올 수 있다는 새로운
결과를 발표합니다. 호킹은 중력과 우주를 일반 상대성 이론으로
다루던 기존의 우주론에 빅뱅, 블랙홀과 같이 아주 작은 세계를
설명하는 양자역학을 더해서 양자 중력, 나아가 양자 우주론을
세우는 데 기여했습니다. 우주의 초기나 끝을 연구했던 호킹의
주장을 과학적으로 정확하게 검증하기는 쉽지 않습니다. 실제로
그가 사용한 용어와 내용은 과학을 전공하는 사람조차도 이해하기

어렵습니다.

　이런 점을 의식해서였는지 호킹은《시간의 역사》등 여러 대중서적을 써서 일반인도 그의 과학을 맛볼 수 있게 했습니다. 《시간의 역사》에는 '빅뱅에서 블랙홀까지'라는 부제가 붙어 있는데, 묘한 호기심을 불러일으키는 책 제목에 불치병에 걸린 호킹의 이미지까지 더해져서 이 책은 전 세계적인 베스트셀러가 되었습니다. 그러나 대중을 위해 펴낸 이 책은 이해하기가 너무나 어려워서 '구매 후 가장 많이 읽지 않은 책'이라는 악명을 얻었습니다. 다소 어렵기 때문에 실제로 대중이 얼마나 그의 이론을 이해했는지는 알 수 없지만, 적어도 이 책은 과학에서조차 실체가 분명하게 밝혀지지 않은 '빅뱅'이나 '블랙홀' 같은 용어를 사람들 뇌리에 각인시키는 데는 성공한 것으로 보입니다. 이제는 그의 명성과 인기가 그의 과학적 업적 때문이었는지 혹은 장애를 딛고 미지의 영역 우주에 관한 거대한 이론들을 펼쳐낸 서사에 대한 환호인지 따져 보아야 합니다.

호킹의 종교적 신념

사람들이 빅뱅이나 블랙홀처럼 어려운 호킹의 이론보다 그가 들려주는 에피소드나 종교적 해석에 더 관심을 기울였다는 점은 눈여겨볼 만합니다. 호킹은 어려운 자기의 이론을 쉽게 이해시키기 위해서였는지 아니면 종교적 신념 때문이었는지 과학적 설명 사이사이에 과학을 넘어서는 종교에 관한 언급을 많이 했습니다. 특히 기독교의 창조와 하나님에 대한 부정적 언급을

많이 했습니다. 교황 요한 바오로 2세를 만난 일화를 소개한
경우가 대표적 예입니다. 그는 교황이 자기를 만난 자리에서 빅뱅
이후 우주의 진화를 연구하는 것은 괜찮지만 빅뱅 자체는 창조의
순간이며 하나님의 일이기 때문에 탐구하지 말 것을 권했다는
이야기를 전합니다. 호킹은 이 일화를 통해 교황이 말하는 창조의
순간이 바로 자신의 이론에서 말하는 '특이점'이라는 설명을
하려 했는지도 모릅니다. 그러나 호킹은 교황 앞에서 지동설을
주장하여 유죄 판결을 받은 갈릴레이와 같은 심정을 느꼈다고
언급함으로써 기독교를 비웃습니다. 이후 그는 '특이점'이라는
자신의 이론이 창조를 옹호하는 근거가 된다는 점이 싫었는지
자신이 주장한 이론을 수정한 빅뱅 무경계 이론으로 나아갔습니다.
무경계 이론에서 그는 마침내 창조에 관해 이렇게 이야기합니다.

> 우주에 시작이 있는 한, 우리는 우주의 창조자가 있었다고
> 상상할 수 있다. 그러나 만약에 우주가 실제로 완전히
> 자급자족하고 경계나 끝이 없는 것이라면, 우주에는 시작도
> 끝도 없을 것이다. 그렇다면 창조자가 존재할 자리는 어디
> 있을까?[6]

---

6) 스티븐 호킹, 《청소년을 위한 시간의
    역사》, 전대호 역(웅진지식하우스,
    2018), 152.

호킹과 그의 이론을 대하는 우리의 태도

과학을 잘 모르거나 그 분야에 대해 잘 모르는 과학자라면 창조나 하나님이 없다는 호킹의 주장이 마치 과학에서 검증된 것인 양 오해할 소지가 많습니다. 성경의 창조나 하나님의 존재는 과학으로 검증할 수 있는 것이 아닙니다. 호킹도 과학이론은 단지 우리의 관측을 서술하기 위해 만들어진 수학적 모형일 뿐이라는 점을 분명하게 했습니다. 호킹은 과학으로 세상을 다 이해할 수 있기에 하나님은 필요 없다고 생각한 사람입니다. 그런 점에서 호킹의 과학과 그의 종교적 신념을 구분할 필요가 있습니다.

> 중력과 같은 법칙이 있기 때문에 우주는 무로부터 자기 자신을 창조할 수 있고 창조할 것이다. 도화선에 불을 붙이고 우주의 운행을 시작하기 위해서 신(God)에게 호소할 필요는 없다.[7]

그러나 이런 주장은 과학으로 확인된 사실이 아닙니다. 그의 신념일 뿐입니다. 과학으로 중력과 같은 과학법칙의 기원을 밝힐 수는 없기 때문입니다. 따라서 호킹을 말할 때 그의 과학이론을 이해하되 그것이 가지는 한계와 과학을 가장한 신념을 구분하는 일은 중요합니다. 그렇다고 해서 그가 사용한 '빅뱅' 같은 용어 몇 개를 가지고 그의 이론이 하나님의 창조를 부정하는 것처럼

---

[7] 스티븐 호킹, 《위대한 설계》, 전대호 역
(까치, 2010), 227–228.

과민 반응하거나 무시해 버리는 것 역시 바람직한 태도는 아닐 것입니다.

크리스천의 과학하기

과학은 우리와 대립해야 할 대상이 아닙니다. 과학을 이용하여 신앙을 공격하는 경우가 있는 것은 사실이지만 하나님이 선물로 주신 과학을 선용하면 얼마든지 세상과 하나님 나라에 유익하게 사용할 수 있습니다. 과학으로는 결코 하나님의 존재나 창조를 부정할 수 없습니다. 이러한 믿음 위에서 신자는 얼마든지 호킹의 시간과 공간, 우주, 블랙홀 같은 과학을 논하고 창조의 터 위에서 그의 이론들이 수용될 가능성이 있는지 없는지 적극적으로 토론할 수 있습니다. 즉 새로운 과학이론들을 적극적 태도로 논하면서도 하나님의 깊고 넓은 창조 원리를 다 알 수 없는 한계를 솔직히 인정하는 태도가 필요합니다.

언뜻 보기에 창조를 배척하는 것처럼 보이는 이론이라 할지라도 우선은 잘 이해하고, 성과와 한계를 꼼꼼히 따져 보는 공정한 태도가 과학의 영역을 하나님께 돌려드리는 신자의 바른 태도일 것입니다. 스티븐 호킹의 예를 통해 한국 교회나 신자들이 과학을 대하는 태도에 대해 한 번쯤 돌아보는 계기가 되었으면 좋겠습니다.

빅뱅 이론은 우리가 보지 못한 세상의 처음에 단 한 번 일어난 일을 과학적으로 설명하는 이론입니다. 반복 실험을 통해 관찰하고 증거를 검증하는 과학적 방법론으로 볼 때 빅뱅 이론의 한계가 분명한 것은 사실입니다. 그러나 현대 천문학이 관측한 크고 큰 우주, 아주 오래된 우주, 그 안에 있는 많고 많은 별, 엄청난 속도로 움직이며 끊임없이 변하고 있는 우주로부터 추론한 이론으로는 타당한 점이 많습니다. 얼핏 보면 빅뱅 이론은 태초에 하나님이 천지를 만들었다는 창세기 1장을 지지하는 것처럼 보이기도 합니다. 물론 기원론이기에 과학적 내용을 넘어 빅뱅 이론이라는 이름으로 각종 형이상학적, 더 나아가 종교적 신념에 관한 주장들도 무척 많습니다. 성경은 빅뱅 이론을 지지하지도, 그렇다고 또 부인하지도 않습니다. 다만 빅뱅 이론은 우리에게 다소 열린 시각으로 창세기의 창조 기록을 볼 것을 말하고 있다 할 수 있습니다. 과학적 사실은 인정하되 그 사실을 가지고 각종 형이상학적 그리고 종교적 신념을 주장하는 일에는 유의할 필요가 있습니다. 우리는 창세기의 기록 이상으로는 창조의 깊은 내용을 알 길이 없기 때문입니다.

생명과 바이러스

생명의
기원을
찾아서

'생명'은 성경에서도, 현대과학에서도
중요한 연구 주제입니다. 그런데 기독교와
현대과학이 생명과 관련된 이슈에서
사사건건 부딪히고 있습니다. 과학이
말하는 생명과 성경이 말하는 생명은 왜,
어떻게 부딪히는 것일까요?

생명의 기원, 인간의 기원뿐 아니라 난자를 이용한 연구, DNA(Deoxyribo Nucleic Acid) 유전자 변형, 낙태, 동성애, 존엄사, 생명 연장 문제 등 생명과 관련한 이슈에서 기독교와 현대과학이 부딪힙니다. 과학은 기독교가 구시대의 유물인 성경에 갇혀서 생명에 관한 연구를 방해한다고 불평하고, 기독교는 과학이 생명 윤리의 선을 넘어서 종교의 영역을 침범한다고 성토합니다. 대표적으로 교회는 과학의 생명 기원론인 진화론을 대체로 불편해합니다. 진화론의 시각이 성경과 다르기 때문입니다. 현재 진화론은 과학을 넘어 학문 전반으로 영역을 넓혔습니다. 진화론 내에서 과학적 사실 외에도 형이상학적 논의가 광범위하게 이루어지고 있지요. 사실이든 아니든 진화론이 현대의 세계관에 토대가 되었다는 말에 이견을 달 사람은 거의 없을 것입니다. 진화론은 과학적으로 사실일까요? 크리스천은 진화론을 어떻게 대해야 할까요? 더 광범위하게는 생명에 대한 과학이론을 어떻게 받아들여야 할까요?

DNA로 보는 생명

먼저 과학이 생명을 어떻게 이해하는지 살펴보겠습니다. 그동안 과학은 생명을 다양하게 정의해 왔습니다. 물질대사, 자기복제(생식), 자기수복(修復, 상처나 질병으로부터 회복), 호흡, 성장, 이동, 자극에 대한 반응 등이 그것입니다. 혹은 생물이 태어나서 죽기 전까지의 과정 및 상태 또는 생물의 내적 동력으로 정의하기도 했습니다. 그런데 20세기에 들어와서 세상을 이루는 근본 물질인 원자와 분자를 이해하게 되면서 생명도 물질로 보려는 경향이 나타났습니다. 양자역학을 발전시켜 노벨상을 받은 슈뢰딩거는 1944년 《생명이란 무엇인가》라는 저서에서 '이제 생명을 물질로 봐야 할 때가 왔다'고 주장했습니다. 생명체도 원자와 분자로 이루어져 있으므로 생명을 물리 화학적으로 이해할 수 있다는 것입니다. 이 주장에 동조한 젊은 과학자 중 왓슨과 크릭은 1953년 생명체 속에 들어 있는 DNA라는 물질 구조를 밝혀 노벨상을 받았는데, 이 발견은 현대과학의 가장 뛰어난 성과로 평가받고 있습니다.

오늘날 과학은 '생명' 하면 곧바로 DNA를 떠올립니다. 생명 활동은 수만 종류의 호르몬, 항체, 효소와 같은 단백질에 의해 이루어지는데, 이 물질들은 DNA 속 유전 정보에 따라 합성되고 조절됩니다. DNA라는 물질은 당과 인산으로 이루어진 두 가닥의 아주 가는 실타래입니다. 원자의 수준에서 보면 DNA는 수소, 탄소, 산소, 질소, 인으로 이루어져 있습니다. 원자보다 큰 분자 수준에서 보면 A, C, G, T라는 네 종류의 '염기'라는 더 작은 물질이 이 두 가닥 실타래를 줄사다리처럼 서로 연결하고 있습니다. 사람의 DNA는 두 가닥 실타래를 30억 개의 A, C, G, T가 임의로 서로 연결하고 있습니다. 사람의 몸에는 수십조 개의 세포가 있고, 이 세포 안에는 모두 동일한 DNA가 존재하므로 결국 각각의 세포마다 30억 계단의 줄사다리가 있다는 말입니다.

컴퓨터는 0과 1의 2진법으로 정보를 저장합니다. 반면 생명체는 DNA에 A, C, G, T라는 4가지 물질의 배열로 정보를

슈뢰딩거(1887~1961), 왓슨(1928~)과 크릭(1916~2004)

저장합니다. 4진법 컴퓨터처럼 작동하는 것입니다. 사람의
DNA를 일렬로 펼치면 서울에서 태평양을 가로지릅니다.
인쇄하여 책으로 만들면 그 책이 빌딩 높이만큼 될 정도입니다.
우리 몸의 모든 세포 속 DNA를 전부 연결하면 총 길이가
1600억 km로 지구와 태양을 500번 왕복할 정도가 됩니다.
이런 방대한 DNA의 정보 배열을 밝혀낸 작업이 인간 게놈
프로젝트(1990–2003)였습니다. 게놈 프로젝트로 인간 DNA의
전체 배열이 밝혀진 후 이 정보들이 무엇을 말하는지 알아내는
연구는 지금도 계속되고 있습니다. 그렇게 밝혀진 정보를
'유전자'라 부릅니다. DNA가 저장 매체인 하드웨어라면 유전자는
소프트웨어라 할 수 있습니다. 사람들 사이 DNA 배열은 99.9%
동일하고 0.1%만 차이가 있습니다. 인간과 다른 동식물과는 염기
배열의 개수가 달라 단순 비교는 어렵지만 상당수의 유전자가
유사합니다. 같은 땅에서 같은 생명 활동을 하고 살고 있기 때문일

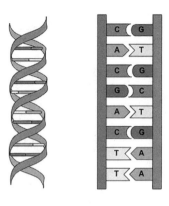

DNA의 정보 배열. 예를 들어 이 경우 CACGACTT(위에서 아래, 왼쪽)의 정보가
들어 있다.

것입니다.

　DNA 속 유전자는 어느 생명체에 있든지 같은 유전자는 같은
물질을 합성합니다. 예를 들어 혈관 속 당을 조절하는 인슐린
단백질을 만드는 유전자는 다른 동물의 DNA에 넣어도 동일한
인슐린을 생산합니다. 그래서 현재 당뇨병 치료제로 쓰이는
인슐린은 사람의 인슐린 유전자를 대장균 DNA에 잘라 넣어
생산한 것입니다. 인슐린 소프트웨어를 대장균 하드웨어에 깔아
구동시킨 것과 같습니다. 매 순간 DNA 속 유전자에 의해 합성된
3만여 종의 호르몬이나 효소나 항체들이 생명 활동을 유지하는
덕분에 우리는 살아갑니다. 이렇게 우리 몸의 수십조 개의 세포 속
DNA는 우리가 어떤 명령을 하지 않아도 일생 쉬지 않고 작동하고
있습니다. 정말 생명은 DNA라 할 만합니다.

인간을 새로 해석하다

베스트셀러 《이기적 유전자》로 잘 알려진 리처드 도킨스는 "인간은 태초부터 지금까지 여러 다른 생명체의 몸을 빌려 끊임없이 명맥을 이어온 DNA라는 화학 물질의 계획에 따라 움직이는 기계"라고 주장했습니다. 그는 심지어 인간의 사회 활동이나 문화 활동까지도 이 DNA의 영향을 받는다고 주장합니다. 이처럼 생명을 물질로 보는 현대과학의 생명 이해는 이제 그 범위를 넓혀 정신 활동도 물질이 일으키는 현상으로 보는 데까지 나아갔습니다. DNA의 정보에 의해 합성된 물질이 우리 정신 활동의 원인이라는 것입니다.

인공지능(AI) 분야의 창시자인 MIT의 마빈 민스키(1927–2016)는 인간 정신은 컴퓨터 프로그램과 다르지 않다고 말했습니다. 사회생물학자인 하버드 대학교의 에드워드 윌슨(1929–2021)은 "지난 수천 년간 있어 왔던 모든 형이상학적 논의를 생물학적인 출발점에서 다시 시작하자"고 주장했습니다. 현재는 정신 활동의 핵심 기관인 뇌의 기능을 일으키는 물질들과 그 물질들의 물리적 현상으로부터 인공지능을 개발하는 연구가 활발하게 진행되고 있습니다. 그렇게 만들어질 로봇이 인간과 같은 정신 능력과 의식을 가질 것이라는 주장은 점점 지지기반을 넓히고 있습니다. 얼마 전 중국에서 원숭이의 머리를 이식하는 데 성공했다는 연구도 결국 이런 주장들을 뒷받침하고 있습니다.

자연발생설과 생물속생설

2020년부터 전 세계에 팬데믹 사태를 일으킨 코로나19 바이러스는 생물과 무생물의 중간쯤 되는 존재입니다. 불과 몇 개월 만에 전 세계로 퍼져버린 바이러스의 치열한 생명 활동을 보면서 하나님이 만드신 생명이란 과연 무엇인지 다시 묻게 됩니다. 현대를 사는 사람들은 바이러스가 사람의 몸속에서 자연적으로 발생한 것이 아니라 동물이나 다른 사람에게 옮겨온다는 사실을 부인하지 않을 것입니다. 즉, 현대인은 생물이 기존 생물로부터 생겨난다는 사실에 의문을 제기하지 않습니다. 이 이론을 '생물속생설'(生物續生說, biogenesis)이라 하는데, 생명은 오로지 생명으로부터만 나온다는 주장입니다. 지금은 지극히 당연해 보이는 생물속생설을 사람들이 받아들이고 믿게 된 것은 불과 150여 년 정도밖에 되지 않습니다. 이전 사람들에게 생명은 자연적으로 발생한다는 '자연발생설'이 상식이었습니다. 그러나 근대 이후 등장한 과학은 자연발생설에 대해 의문을 제기하기 시작합니다. 생명이 과연 무생물에서 시작될 수 있느냐는 문제 제기였습니다.

생명의 기원을 신과 같은 초자연적인 원인으로 설명하지 않고 물질의 관점에서 이해하려는 노력은 고대부터 있었습니다. 생물이 무생물에서 생길 수 있다는 온갖 자연발생설을 집대성한 이가 고대 그리스의 아리스토텔레스(B. C. 384–322)였습니다. 그는 《동물의 발생》에서 곤충이나 생쥐 같은 동물들이 어떻게 자연적으로 발생하는지 설명합니다. 그의 주장은 다른 서적들과 함께 아랍으로 건너갔다가 14세기에 라틴어로 번역되어 유럽에 소개된 후 계속 주류 이론으로 여겨졌습니다. 사람들도 겨울에 안 보이던 개구리가 봄이 되면 어디에선가 나타나고, 건초 더미에서 갑자기 쥐가 나타나고, 쓰레기나 하수구에서 구더기나 파리가 생기는 등의 현상을 당연한 자연발생적인 것으로 이해했습니다.

이 이론에 공개적으로 반기를 든 사람은 이탈리아 의사인 레디(Francesco Redi)였습니다. 1668년에 그는 단지에 고기를 넣고, 어떤 것은 밀봉하고, 어떤 것은 거즈를 덮고, 어떤 것은 뚜껑을 열어 두는 실험을 진행했습니다. 그랬더니 뚜껑을 열어둔 단지에서는 구더기가 많이 생기고, 거즈로 덮은 단지에서는 조금 생기고, 밀봉한 단지에서는 생기지 않는 결과가 나왔습니다. 그 실험을 근거로 그는 "하나님에 의해 최초의 식물과 동물이 출현한 뒤에는 그 어떤 생물도 스스로 만들어지지 않았다고 생각한다"면서 자연발생설이 틀렸다고 주장했습니다. 그러나 별로 지지를 얻지 못하였습니다. 그러던 차에 1674년 네덜란드의 레벤후크(Antonie van Leeuwenhoek)가 현미경으로 극미동물이라 부르는 미생물을 처음 관찰한 일이 있었습니다. 현미경을 통해 미생물을 관찰한 사람들은 엄청난 미생물들은 자연발생설에 의해서 생긴 것으로밖에 설명할 수 없다며 자연발생설을 확신하기에 이르지요. 이를 통해 큰 생물은 자연발생이 아닐 수도 있지만 적어도 미생물은 자연발생을 한다는 자연발생설이 150년 이상 더 이어졌습니다. 그런데 1861년, 자연발생설을 반박할 결정적 실험이 이루어졌습니다. 프랑스의 파스퇴르(Louis Pasteur)가 S자 관을 가진 유리 용기(백조목 플라스크)에 고기즙을

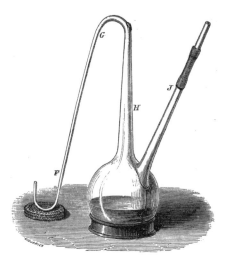

파스퇴르의 백조목 플라스크 실험 장치(1859)

넣고 끓여 응축된 수증기가 S자 유리관에 고이게 한 후
며칠을 두었더니 어떤 미생물도 생기지 않았다는 실험 결과를
발표했습니다. 즉 공기는 통하되 공기 중 미생물은 유입되지 않게
끓인 물로 차단한 실험으로부터 미생물이 자연적으로 발생한다는
이론이 틀렸음을 입증한 것입니다. 그제야 비로소 사람들은
생명은 생명으로부터 생긴다는 것을 받아들이게 되었습니다.

전성설과 후성설

자연발생설이냐 생물속생설이냐 하는 문제 외에 생명의
시작에 대한 또 다른 논쟁이 있었습니다. '전성설'(前成說)과
'후성설'(後成說) 논쟁인데, 생명은 생명체가 완성된 상태로

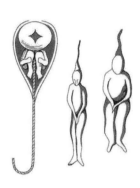

전성설을 설명하는 정자 속 완전한 미세 인간(니콜라스 하르트소커, 1695)

시작하느냐 아니면 미완성된 상태로 시작하느냐에 관한
것이었습니다. 전성설은 생명체가 아주 작은 크기일지라도 이미
완성된 형태로 존재하다가 발생과 함께 성장한다는 주장입니다.
반대 입장인 후성설은 생명은 발생 시 미완성된 배(胚, 배아)의
상태로 있다가 생명 활동의 원인인 생명력과 같은 어떤 힘이
관여하여 기관이나 조직이 형성되고, 점차 완전한 생명체가 되어
간다는 주장입니다. 생물속생설과 후성설을 지지하는 현대과학의
입장에서 보면 근대 이전 논쟁의 주장에 비과학적 요소가 많다는
걸 알지만, 그 시대 사람들은 각기 자기의 주장이 옳고 가장
과학적이라 생각하였습니다.

　17~18세기까지는 전성설이 지배적인 이론이었습니다. 일례로
현미경으로 미생물을 발견한 레벤후크는 전성설을 지지했는데,
그가 현미경으로 동물과 인간의 정자를 관찰하자 전성설
지지자들은 정자 속에 작은 크기의 태아가 완전한 형태로 이미
존재한다고 주장했습니다. 식물 역시 씨 속에 이미 작은 식물을

가지고 있다고 보았습니다. 전성설은 하나님이 천지창조 때 무수히 많은 완성된 생명체를 이미 창조해 놓았다는 당시의 성경 해석과 맞물리며 크게 인기를 얻었습니다.

　　1747년 영국의 니덤(John T. Needham)은 전성설이 틀렸음을 증명하기 위해 끓인 양고기 국물을 유리병에 넣고 입구를 코르크로 밀봉하였는데, 며칠 후 병 속에 온갖 미생물이 들끓는 것을 관찰했습니다. 이로부터 니덤은 미생물이 무수히 자연발생하는 것으로 봐서 세상을 창조할 때, 하나님께서 무수한 생명체들을 미리 만들어 놓으실 필요가 없었다는 후성설을 주장합니다. 그러나 니덤의 실험은 그의 의도와는 달리 유물론자와 무신론자들의 주장을 뒷받침하는 증거가 되기도 했습니다. 무신론자들은 이 실험 결과를 가지고 물질이 생명체로 변할 수 있다면 굳이 신적인 창조자가 존재할 필요가 없다는 주장을 펼친 것이죠. 그러나 1765년 이탈리아의 전성설 주장자인 스팔란차니(Lazzaro Spallanzani)는 니덤이 실험에서 사용한 코르크 마개는 미생물의 출입을 완전히 차단할 수 있는 게 아니라며, 코르크 마개가 아닌 유리로 밀봉한 실험을 하여 미생물이 생기지 않는 것을 보이며 니덤의 후성설 주장을 반박했습니다. 이에 대해 니덤은 다시 스팔란차니가 유리로 밀봉함으로써 용기 내 공기만 차단한 것이 아니라 물질의 생명력(생명 원자라 부름)까지 파괴해 버렸다고 하며 자신의 후성설을 재차 주장합니다. 이런 식의 논쟁은 19세기 후반 현미경의 발달로 정자 같은 생식 세포가 완전한 작은 생명체가 아닌 한 개의 세포에 불과하다는 것을 확인한 후에야 막을 내립니다.

현대의 생명기원론, 진화론

현대과학은 부모가 자식을 낳고, 자식이 다시 부모가 되는 끝없는 생명의 연속에 의해 생명체가 세상에 존재한다는 생물속생설을 받아들입니다. 그리고 세포에서 생명이 발생하여 완전한 생명체가 되어 간다는 후성설을 지지합니다. 인류 역사상 수천 년 명성을 누렸던 생명의 자연발생설은 세상에 출현한 첫 번째 생명체는 자연발생으로 생겼다고 주장하는 진화론에서 겨우 그 명맥을 유지하고 있습니다. 사라진 전성설의 흔적은 생명의 시작 시점이 정자와 난자가 수정할 때부터인가, 아니면 조직이 생기기 시작하는 수정 후 14일 혹은 완전한 성체의 형태를 갖추는 3개월부터인가의 낙태 논쟁에 남아 있지요. 이러한 생명에 대한 과학사의 논쟁들을 보면 그 속에 과학뿐 아니라 종교나 철학 혹은 미신이 뒤섞여 있음을 보게 됩니다. 철학이나 미신이 뒤섞여 형성된 과학적 상식은 그것을 뒤집는 실험적 증거가 제시되어도 쉽게 바뀌지 않습니다. 100년이나 200년을 지나 뒤돌아볼 때 비로소 오류가 있음을 알게 되는 것입니다. 현재 주류 이론이 된 생물속생설에서도 생명이 계속 이어지는 연속선상에서 종(種)이 변할 수 있는가 하는 세부 사항에서 과학과 기독교 사이, 혹은 기독교인들 사이에서 첨예한 대립이 있습니다. 소위 말하는 진화론 논쟁입니다.

진화론은 다윈(Charles Darwin, 1809–1882)이 1859년《종의 기원》을 발표함으로 본격적으로 세상에 알려졌습니다. 영어로 된 책의 원제목(*On the Origin of Species by Means of Natural Selection or the Preservation of Favoured Races in the Struggle for Life*) 속에

그의 이론이 잘 요약되어 있습니다. 다윈의 진화론의 핵심은 적자(適者)생존, 즉 적응한 종이 살아남는다는 것입니다. 다른 말로 하면 자연은 우수한 특성을 가진 종을 지속적으로 선택한다는 '자연선택'이라고도 할 수 있습니다. 자연은 어떤 속성이 바람직한지를 스스로 결정한다면서 시간이 가면 한 종이 완전히 다른 종으로 변할 수 있다고 주장했습니다. 《종의 기원》에서는 인간에 대해서는 언급을 하지 않았지만, 1871년 출판한 《인간의 유래》(The Descent of Man)에서 "유인원 같은 생물부터 현재의 인간에 이르기까지 눈에 띄지 않을 정도로 점진적으로 변하는 일련의 생물체에서 '인간'이라는 용어를 사용해야 할 명확한 지점을 꼬집어 말하는 것은 불가능할 것이다. 그러나 이것은 별로 중요한 문제가 아니다."(제7장), "그(인간)의 신체 구조 속에는 비천한 기원에 대한 지워지지 않는 흔적이 여전히 남아 있다."(제21장) 등을 말함으로써 인간도 진화론에서 예외가 아님을 밝혔습니다.

신다윈주의라 불리는 현대과학의 진화론은 기본적으로 유전에 대한 발전이 더해진 것 외에는 다윈의 주장과 큰 차이가 없습니다. 그 내용을 요약하면 다음과 같습니다.

1. 진화는 일어난다. 즉 현재 종은 과거에 있었던 다른 종의 후손이다.
2. 진화는 수천 년 혹은 수백만 년에 걸친 개체군의 점진적인 유전적 변화를 통해 일어난다.
3. 생명의 새로운 형태는 하나의 계통이 두 개로 갈라짐으로써

생긴다.

4. 진화는 대부분 자연선택을 통해 일어난다.[8]

과학의 생명과 성경의 생명

지금까지 현대과학이 말하는 생명에 대해 살펴보았습니다. DNA를 이해하면 생명을 전부 이해할 수 있을까요? DNA라는 '물질'이 정말 물리 화학적 법칙에 따라서 스스로 작동하고 있는 것일까요? 또 한눈에 보이는 육체적 생명이 생명의 전부일까요? 삶과 죽음 사이의 기간이 생명의 전부일까요? 정신이 물질의 결과라면 우리는 영혼이 없는 것인가요? 현대과학이 주장하듯이 생명이 물질이라면, 우리에게 이러한 의문들이 꼬리에 꼬리를 물고 이어지는 것이 당연합니다. 그러나 성경은 과학이 말하는 생명이 생명의 전부가 아니라고 가르칩니다.

과학의 생명은 살아 있는 동안의 기간을 말합니다. 죽음을 당연하고 자연스러운 것으로 보는 것입니다. 물론 의료나 제약을 통해 질병, 노화 등을 해결하여 생명의 기간을 늘리는 과학기술의 위력은 놀랍습니다. 향후 유전자 연구는 생명을 연장하는 일에 더 큰 기여를 할 것입니다. 성경은 육체적, 과학적 의미의 생명을 무시하지 않지만, 하나님이 만드신 생명이 있다고 말합니다.

---

[8] 리처드 도킨스 외,《왜 종교는 과학이 되려 하는가》, 김명주 역(바다출판사, 2012), 18.

하나님이 혼을 불어넣으신 영혼을 가진 생명이 있습니다. 그리고 예수 그리스도를 통해 육체의 생명을 넘어 영원한 생명으로 눈을 들도록 권합니다. 하나님이 만드신 영원한 생명이 우리가 알아야 할 생명이라는 것입니다. 생물학적 생명으로 성경을 보는 것은 잘못되었습니다. 성경은 영원한 생명으로 생물학적 생명을 볼 것을 가르칩니다.

언뜻 보면 과학과 성경이 정면으로 충돌하는 것처럼 보입니다. 하지만 과학이 말하는 생명을 잘 보면 그럴 필요가 없습니다. 과학은 눈에 보이지 않는 영혼이나 영원은 다루지 않습니다. 생명의 기원 문제도 마찬가지입니다. 과학적 증거를 찾는 일도, 과학적 실험을 하는 것도 쉽지 않습니다. 또한 과학은 윤리적 평가를 다루는 학문이 아닙니다. 그래서 과학이 물질 수준에서 다루는 생명 개념을 성경의 생명 개념과 같은 수준에 두고 평가할 일이 아닙니다. 과학이 과학의 영역을 넘는 주장을 할 때 지나치게 민감하게 반응할 필요가 없습니다. 과학이 말하는 생명은 생명의 전부가 아니므로 성경이 말하는 생명을 과학이 말하는 생명으로 축소해서는 안 됩니다. 우리는 과학을 하나님의 많은 창조 영역 중 하나로 바라보아야 합니다. 과학의 생명 개념은 다른 영역들의 통찰과 어우러질 때 하나님이 만드신 생명의 아름다움과 풍성함을 드러낼 수 있습니다. 우리는 과학을 포함한 온전하고 풍성한 생명에 대한 이해를 기반으로 참 생명의 복음을 선포하여야 합니다. 우리 크리스천들은 과학에서 말하는 생명이 성경에서 말하는 생명과 다르다고 해서 과학을 기피하고 물러설 것이 아니라 이런 이해의 터를 기반으로 얼마든지 과학 분야에서 생명을 공부하고 연구할 수 있습니다.

위에서 살펴본 바와 같이 인류는 생물속생설을 받아들이기 전까지 아주 오랜 기간 자연발생설을 상식으로 받아들였습니다. 이를 통해 우리는 하나님이 만드신 생명의 신비에 대해서 앞으로도 더 많은 과학적 탐구가 필요함을 알게 됩니다. 어제의 상식이 오늘날 말도 안 되는 오류가 될 수 있다는 사실을 통해 아무리 그럴듯해 보이는 주장이라도 맹목적으로 추종하거나 반대로 내 생각과 다른 이론이라고 해서 무조건적으로 적대적인 태도를 취해서는 안 된다는 사실을 배우게 됩니다. 인간의 지혜가 이를 수 없는 하나님의 크고 넓으심이 생명의 영역에서도 나타나 있다는 사실을 인정하고, 겸손한 자세로 다양한 이론에 귀를 기울이는 노력이 필요합니다. 자연발생설, 생물속생설, 전성설, 후성설 등을 설명한 내용이 과학을 전공하지 않은 독자에게는 다소 어렵고 생소할 수 있습니다. 그럼에도 굳이 이런 과학사의 치열한 논쟁을 살피는 것은 현대를 살아가는 우리 신앙인이 신앙과 과학이 충돌할 경우 어떤 태도를 견지하고 나가야 하는가에 대해 함께 고민해 보고 싶어서입니다. 과학사에서 일어난 중요한 논쟁을 살펴보면 우리가 고민하고 생각해야 할 문제들에 대해 중요한 교훈을 얻을 수 있기 때문입니다.

또 다른 생명,
동물과 식물

'동물은 물건이 아니다'라는 조항을
담은 민법 개정안이 2021년 입법
예고되었습니다. 동물을 '물건'이 아닌
'생명'으로 보겠다는 것으로 향후 동물
보호와 생명 존중에 대한 추가 조치들이
이어질 것으로 예상됩니다. 인간과 동물은
어떤 상관관계일까요? 인간과 동물은 다른
존재인가요? 식물은 또 어떤 존재일까요?

과학적으로는 인간과 동물, 즉 인간과 비인간 사이를 구분하는 생명을 보는 경계가 무너진 지 이미 오래입니다. 현대과학은 생명을 DNA라는 물질 속 염기 배열인 유전자로 봅니다. 유전자로만 본다면 인간이 동물과 특별히 다르다 할 근거를 찾기 어렵지요. 인간과 동물의 뚜렷한 경계 대신 유전자가 서로 얼마나 유사한지 아닌지로 구분될 뿐이라는 것입니다. 이를테면 침팬지의 경우 계산에 따라 유전자가 인간과 최대 98.4%까지 일치하는 종이라는 식입니다. 생쥐의 유전자는 인간과 97.5% 일치하므로 침팬지보다는 인간과 덜 유사한 종이 되는 것이지요. 동물과 식물의 관계는 어떨까요? 하나님은 셋째 날 식물을 만드셨습니다. 그리고 그 식물을 동물과 인간의 먹을 것(food, 창 1:29)으로 주셨습니다. 식물은 동물과 달리 움직이지도 못하고, 보거나 듣거나 냄새를 맡지도 못합니다. 그렇다고 해서 식물이 동물보다 열등한 생명체일까요? 하나님이 만드신 생명체를 열등과 우등으로 나눌 수 있을까요?

제인 구달, 인간과 자연 세계를 중재하는 과학자

우리 시대에 존경받는 인물 중 제인 구달(Jane Goodall, 1934 –)이라는 여성이 있습니다. 동물행동학자이면서 환경운동가입니다. 2021년 그는 과학적이면서 영성적인(spiritual) 호기심으로 인류가 자연과 어떻게 연결되어 있는지 이해하는 데 기여한 공로로 템플턴 상을 수상했습니다. 이 상은 템플턴이라는 사업가가 노벨상에 종교 부문이 없는 것을 안타깝게 여기며 내놓은 기금으로 제정되었는데, 영국 왕실인 버킹엄 궁전에서 수여하며 상금은 약 16억 원으로 노벨상을 능가하는 큰 상입니다. 템플턴 재단은 구달이 동물의 지적 능력(intelligence)에 대한 세계관을 바꾸었고, 그로 인해 동물에 대한 이해를 깊게 했다고 수상 배경을 설명했습니다. 구달 자신도 수상 소감에서 동물도 지각이 있는 존재라는 점을 강조했습니다. 제인 구달에게 종교 발전에 기여한 상이 수여되었다는 사실은 많은 것을 생각하게 합니다.

제인 구달은 1960년부터 아프리카에서 침팬지와 지내면서 일평생 침팬지를 연구한 과학자입니다. 침팬지와 야생동물 보호를 위한 '제인 구달 연구소'를 세워 연구하는 한편, '뿌리와 새싹' 같은 국제 환경운동 네트워크도 만들어 동물과 생태계 보호를 위해 적극적인 활동을 펼치고 있습니다. 《침팬지와 함께한 나의 인생》, 《희망의 밥상》, 《생명의 시대》 등 어른과 어린이를 위한 여러 권의 책을 썼습니다. 그를 다룬 평전도 나와 있죠.

제인 구달 같은 사람들의 노력으로 야생동물과 환경에 관심이 높아지게 된 것은 부인할 수 없는 사실입니다. 그는 전 세계 동물원을 방문하여 쇠창살을 없애고, 동물이 살기 쾌적한 환경으로 개선하는 일에도 앞장서고 있습니다. 제인 구달이 서울대공원에서 돌고래 쇼를 하던 재돌이와 다른 돌고래들을 그들이 살던 제주 앞바다로 돌려보내는 데 기여한 사실은 잘 알려져 있습니다. 동물을 열악한 환경에서 밀집 사육하는 공장식 축산에 반대하여 육식 대신 채식을 권장하기도 합니다. 충남 서천의 국립생태원에는 이런 그를 기려 '제인 구달 길'이 조성되어 있습니다. 과학자이면서 동시에 자신의 과학을 행동으로 실천하는 제인 구달은 '생명 사랑 십계명'의 제1계명에서 "우리가 동물 사회의 일원인 것을 기뻐하자"고 말합니다. 그러면서 모든 생명을 존중하고, 마음을 열고 겸손히 동물에게 배우자고 이야기합니다. 이것이 구달의 사상입니다.

찰스 다윈의《종의 기원》이 나온 지 100년쯤 지나 과학자들은 소위 인간의 진화 형제인 원숭이와 인간을 연결해주는 화석이 있을 것으로 예상하여 아프리카 대륙으로 건너갔습니다. 1959년 루이스 리키라는 고인류학자는 탄자니아 올두바이 계곡에서 200만 년 전의 오스트랄로피테쿠스 로부스투스라는 인류 조상의 화석을 찾았다고 주장했지요. 이 루이스 리키의 발굴 팀원 중 한 명이 제인 구달입니다. 하지만 제인 구달은 찾기 힘든 화석 발굴 대신 살아 있는 침팬지를 관찰하며 인간의 진화 형제들이 누구인지 밝혀야겠다고 마음먹고 1960년부터 아프리카 오지에서 침팬지와 살면서 그 일에 일생을 바치기 시작했습니다.

제인 구달이 침팬지들과 같이 지내면서 얻은 결론은 '침팬지와 인간이 공통 조상에서 유래한 형제라는 주장이 맞다'는 것입니다. 구달이 근거로 제시한 것은 침팬지들이 '서서 걷는다', '도구를 사용하고 전수한다', '전쟁을 한다', '근친상간을 하지 않는다', '사회생활을 한다', '사냥을 하고 음식을 공유한다', '정치를 하고 거짓말도 하고 도덕적이기도 하다', '공격했다가도 서로 화해한다', '의사소통을 한다', '자의식을 가지고 있다', '웃기도 울기도 한다' 등이었습니다. 그의 발견에 이어 오랑우탄이나 다른 동물에게서도 비슷한 행동들이 발견되며 현대과학의 인간론이 형성됩니다.

이것이 현대과학이 인간과 동물을 보는 시각입니다. 기독교에는 큰 도전인 동시에 과학 시대를 살아가는 우리에게는 풀어야 할 과제이기도 합니다.

제인 구달이 말하는 코로나19 팬데믹 사태의 원인과 해결책은 명료합니다. 동물의 생존 터전 파괴가 원인이며 동물의 영역을 회복시켜줘야 한다는 것입니다. 그러면서 그는 거꾸로 인간과 유전자가 유사한 침팬지가 인간으로부터 코로나바이러스에 감염되지는 않을까 염려합니다. 더 나아가 이번 사태를 교훈 삼아 2050년이면 100억 명에 이를 인류가 생존을 위해 하루빨리 훼손된 생태계를 복원하고, 동물과 공존할 길을 찾을 것을 호소합니다. 그는 가난한 사람들의 빈곤을 해결해야 생태계 복원이 가능하다는 점을 지적합니다. 왜냐하면 이러한 팬데믹은 가난한 이들이 생존을 위해 야생 동물의 영역을 침범함으로써 일어난 일이라고 보기 때문입니다.

파브르, 창조세계를 존중하는 관찰자

《곤충기》로 유명한 앙리 파브르(Jean Henri Fabre, 1823–1919, 프랑스)는 식물을 관찰한 책 《식물 이야기》(1876)를 집필하였습니다. 그는 '식물은 동물의 형제(자매)'라는 말로 이 책을 시작합니다. 움직이지도 않고, 소리도 안 내고, 반응도 없는 식물이 정말 동물과 형제라 불릴 만한 생명체일까요? 파브르는 식물을 잘 관찰해보면 그 사실을 알게 된다고 말합니다.

현재까지 인간이 발견한 식물은 35만 종 정도 됩니다. 이렇게

노년의 파브르와 1916년에 출간된 《곤충기》 원본

다양한 식물을 과학적 분류법에 따라 분류해 보면 다양함 속에
아름다운 질서가 깃들어 있는 것을 알 수 있습니다. 즉 식물에는
다양성과 통일성이 함께 있습니다. 풀이나 꽃, 나무 같은 각종
식물을 하나하나 관찰해보면 그 안에 독특한 단순함, 대칭, 비례
등의 조화로운 아름다움이 존재합니다. 삼위일체 하나님의
다양성과 통일성이 식물 안에서도 드러나는 것은 식물도 하나님의
창조물이니 당연한 일이기도 합니다. 그 아름다움은 우리에게
즐거움을 주고 하나님을 찬양하게 합니다. 파브르는 하나님이
만드신 자연을 잘 관찰해야 하는 이유를 우리에게 가르쳐 줍니다.
그는 평생 가난한 교사로 지내면서 곤충과 식물 등 자연을
관찰하였고, 은퇴 후 오랫동안 자신이 관찰한 결과들을 기록으로
남겼습니다. 살아 있는 생명체에 대한 그의 신중한 관찰 방법과
태도는 과학 분야뿐 아니라 다른 분야에서 일하며 살아가는
신자에게도 큰 귀감이 됩니다.

파브르는 식물이나 곤충 등 자연을 관찰할 때 끈기 있게
관찰하고 거기서 관찰한 것을 조심스럽게 기록하는 방식을
사용했는데, 몇 년이 걸리는 경우가 다반사였다. 산누에나방과
솔나방의 연구는 8년이 걸렸으며, '거룩한 쇠똥구리' 연구는
40년도 더 걸렸다. 꾸준히 관찰되는 사실들을 축적, 기록하는
그는 성급하게 결론을 내리는 실수를 범하지 않았으며,
예로부터 전해 내려오는 잘못된 지식들을 검토하지도 않고
베껴 쓰는 관행을 따르지도 않았다. 그는 자기가 직접 관찰하고
스스로 검토하고 철저히 생각한 것에 대해서만 말을 하고 글을
썼다.[9)]

파브르의 연구 바탕에는 기독교 신앙이 있었습니다. 19세기
프랑스 남부 로마 가톨릭교회의 신자였던 그는 책 곳곳에 자신의
기독교 신앙을 드러내는 말을 적고 있습니다. 하지만 우리말
번역은 종교적 편견이 생길 수 있다는 이유로 그의 신앙적 언급을
대체로 덜어냈습니다. 예를 들어 그는 식물을 고등한 것과 하등한
것으로 구분하는 것에 반대했습니다. 식물은 누가 높고 누가
낮은지를 따지지 않는데 사람들이 그들을 고등식물과 하등식물로
나누어 높고 낮음을 따지려 한다고 생각했기 때문입니다. 그래서
그는 하등식물이 고등식물보다 더 못하고 불완전하다는 생각을

9) 마르틴 아우어, 《파브르 평전:
나는 살아있는 것을 연구한다》, 인성기 역
(청년사, 2003), 200–201.

수용하지 않았습니다. 파브르는 하나님이 생명을 창조하실 때
사람들이 생각하는 것처럼 높고 낮게 구분하는 방식으로 창조하지
않았다고 믿었습니다. 그래서 생물이 하등 생물에서 고등 생물로
진화한다는 진화론도 받아들이지 않았습니다. 모든 생물은 그
자체로 완전하다고 본 것입니다. 그런 정신으로 파브르는 당시
아무도 관심 기울이지 않고 무시하던 곤충을 관찰했습니다.
파브르 덕분에 하찮게만 보였던 곤충이라는 하나님의 창조물이
그 위상을 되찾았습니다. 하나님의 창조 세계를 있는 그대로 잘
관찰하고자 했던 신자로서 그가 보인 모범은 우리와 자녀들이 그의
책을 통해 자연을 관찰하고 즐기는 법을 배울 좋은 이유가 됩니다.

동물의 형제, 식물

세상에서 가장 오래 사는 생명체는 무엇일까요? 나무입니다.
약 5,000살이나 되는 최고령 나무들이 미국을 비롯한 여러
나라에 살아 있는 것으로 알려져 있습니다. 5,000년 역사를
가진 우리나라와 맞먹는 나이입니다. 우리나라의 최고령 나무는
강원도 정선의 '두위봉 주목'이라는 나무로 1,400살이나 되어
천연기념물로 지정되어 있습니다. '두위봉 주목'의 탄생 연도는
삼국시대 말기쯤입니다. 오랫동안 사는 나무는 자기 몸에
자연의 역사를 간직합니다. 나이테가 그것입니다. 매년 하나씩
만들어지는 나이테에는 그해의 기후나 환경에 대한 정보가 담겨
있습니다. 파브르는 죽은 고목의 나이테를 보고 언제 흉년이
들었고, 언제 가뭄이 심했고, 언제 혹독한 겨울이 있었는지를

이야기합니다.

　여름철에 해바라기의 잎을 잘 살펴보면 아래에서 위로 빙글빙글 돌면서 나선형으로 난 것을 볼 수 있습니다. 덕분에 모든 잎이 서로를 가리지 않고 골고루 햇빛을 받을 수 있습니다. 식물의 잎은 이런 나선형나기 외에도 어긋나기, 마주나기, 돌려나기, 모아나기 등 구조가 다양합니다. 모양도 다양해서 원꼴, 삼각꼴, 바늘꼴 등 잎의 모양을 나타내는 말만 해도 300여 가지나 되지요. 꽃은 어떤가요? 꽃의 색과 모양 역시 다양합니다. 사람에게 알레르기를 일으키므로 '나쁜' 가루로 알려진 꽃가루도 현미경으로 관찰하면 그 색깔, 모양, 크기가 셀 수 없을 정도로 다양합니다. 꽃가루는 같은 식물 종끼리는 동일하게 생겼고, 다른 종끼리는 완전히 다릅니다. 그 때문에 하늘에 꽃가루가 가득하고 들판에 꽃이 가득해도 서로 다른 종들 사이에서는 아무 일이 일어나지 않습니다. 자기 종끼리만 씨앗을 맺습니다.

　식물도 잠을 잔다는 사실을 알고 계신가요? 식물도 잠을 잡니다. 그러나 참나무, 호랑가시나무 등 튼튼한 잎을 가진 나무들은 매일 잠을 자지 않고, 곰이나 뱀처럼 겨울잠을 잡니다. 식물은 햇빛, 빛, 바람, 가벼운 두드림의 유무에 따라 잠을 자기도 하고 깨기도 합니다. 그리고 식물도 고통을 느끼지요. 고통이나 외부의 공격을 느끼면 움츠리거나 방어용 화학 물질을 내뿜습니다. 공격하는 곤충을 아예 잡아먹는 식물도 있습니다. 식물이 음악에 반응한다는 연구 결과도 있습니다. 식물이 화학 물질을 통해 자기들끼리 서로 대화를 한다는 사실도 알려져 있습니다. 이처럼 식물을 잘 관찰하면 식물 역시 동물과 같은 생명체라는 것을 알 수 있습니다.

동물과 식물을 대하는 우리의 태도

제인 구달이 많이 사용하는 단어는 '희망'입니다. 당장 함께 작은 실천을 통해 희망을 찾자고 강조합니다. 종교적인 것이든 과학적인 것이든 상관없이 함께 실천하자 합니다. 함께 희망을 향해 나아가고자 하는 구달의 태도에 우리는 주목할 필요가 있습니다. '희망'을 향한 그의 간절한 호소에는 진정성과 힘이 담겨 있습니다.

현대의 과학기술이 밝혀낸 성과 중 하나는 지구상에서 인간 홀로 살아갈 수 없다는 것입니다. 인간과 다른 생명체, 나아가 자연환경이 서로 깊이 연결되어 거대한 한 몸을 이루고 있음을 알게 된 것이지요. 우리가 사는 세상은 다른 피조물을 희생시키고 인간만 잘살도록 설계되어 있지 않습니다. 하나님께서 햇빛, 공기, 물, 천연자원과 같은 무생물이든 식물, 동물, 심지어 박테리아나 바이러스와 같은 미물이든 서로를 필요로 하고 공존하면서 살아가도록 만드셨기 때문입니다. 인간과 교감하는 반려동물에 대한 관심과 함께, 동물에 대한 권리가 그 어느 때보다 높아졌습니다. 현대과학은 인간을 동물의 한 종으로 여기고 있습니다. 인간을 영혼이 없는 육체적 존재로 보는 것입니다. 그러나 하나님은 인간을 동물과 달리 하나님의 형상으로 창조하여 동물을 다스리게 하셨습니다(창 1:27-28). 동물을 잘 돌보되 동물과 인간을 하나님이 만드신 위치에 두는 지혜가 어느 때보다 필요한 시대입니다.

식물은 하나님이 명하신 대로 자기의 생명을 동물과 사람의 먹을 것으로 내줍니다. 꽃과 나무와 숲은 아름다움으로 우리에게 시각적 즐거움을 줄 뿐 아니라 이산화탄소를 제거하고 신선한 산소와 치유의 효능이 있는 여러 물질을 제공합니다. 하나님이 만드시고 '좋았다'고 하셨기에 우리도 이 생명의 좋음을 즐기는 것이 마땅합니다. 동시에 우리에게는 생명체를 소중히 돌볼 책임이 있습니다. 식물을 인간의 기준으로 동물보다 열등하다고 말할 근거는 없습니다. 하나님이 식물을 만드실 때 식물에게 할 일을 주셨고 식물은 그 창조 명령에 충실하게 순종하며 생명 활동을 하고 있는 것입니다. 파브르가 그전까지는 열등하고 불필요한 피조물로 여겨졌던 곤충이나 식물을 잘 관찰한 것은 우리 신자에게 큰 귀감이 됩니다. 동물과 식물을 향한 우리의 태도가 어떠해야 인간을 비롯한 모든 생명체를 만드신 하나님의 뜻에 합당한지 깊이 생각할 일입니다.

바이러스,
생존을 위한
몸부림

2020년 초 코로나바이러스에 의한
전염병이 전 세계적으로 유행하여
지금까지도 계속되고 있습니다. 전염병은
인류 역사와 함께 계속 이어져 왔습니다.
전염병의 원인인 세균이나 바이러스는
사라지지 않고 생존해오고 있습니다. 이
미물들은 어떻게 생존하는 것일까요?
하나님께서 이런 전염병을 허락하시는
이유가 무엇일까요?

스페인 독감 당시 응급실 모습

불과 한 세기 전인 1918~1919년에 유행했던 스페인 독감으로
인해 우리나라 15만 명을 포함하여 전 세계적으로
2천5백만~5천만 명이 사망한 일이 있었습니다. 우리는
태어나서부터 죽는 순간까지 수많은 질병의 위협에 시달립니다.
현대를 사는 우리는 과학기술 덕분에 이전 시대 사람들보다 질병의
위협에서 다소 벗어나 있다고 할 수 있습니다. 이번 코로나 사태를
보더라도 과거에 발생했던 다른 많은 전염병에 비해 죽음의 위협은
상대적으로 가벼워졌습니다. 우리는 질병의 원인이 세균이나
바이러스 때문인지, 우리 몸 안의 유전적 요인 때문인지, 다른 어떤
외부 환경 때문인지 비교적 소상히 알고 있고 그에 따른 적절한
치료책을 가지고 있습니다. 하지만 병에 대한 이러한 과학적
상식이 확립된 것은 사실 그리 오래된 일이 아닙니다. 르네상스와

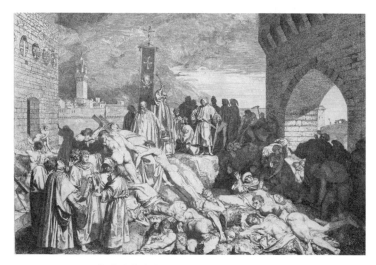
흑사병이 퍼진 상황을 묘사한 14세기 그림

종교개혁 시기를 넘어 근대를 지나면서 과학적 발견과 치열한
과학적 논쟁이 진행되었고 19세기 말이 되어서야 오늘날의 지식이
확립된 것입니다.

병의 원인을 진단한 변천사

병의 원인과 치료 방법은 각 시대의 지배적인 이론을
따랐습니다. 그것이 초자연적인 경우도 있었고 자연적인 경우도
있었습니다. 서양에서 병의 원인을 초자연적이 아닌 자연적인
것으로 이해하려는 시도는 고대 그리스에서 시작되었습니다.
히포크라테스(B.C. 460–370년경)가 대표적인 인물입니다. 그는 병을 이해 가능한 자연적 사건으로 보았습니다. 그리고 병이 네 가지 체액(體液)들의 부조화에서 시작된다는 4체액설(humorism)을 체계화했습니다. 네 가지 체액은 혈액, 점액, 황담즙, 흑담즙으로, 고대 그리스의 불, 물, 공기, 흙의 4원소와 대응하는 것이었습니다. 병은 네 가지 체액 사이의 균형이 깨질 때 생긴다고 보았습니다. 그래서 과도한 체액은 억제하고 부족한 체액은 보충하여 병을 치료할 수 있다고 보았습니다. 피를 뽑는 사혈, 식이요법 등은 이 이론에 따른 중요한 치료법이었습니다. 전염병도 4체액설로 설명했습니다. 전염병은 더러운 공기인 독기(毒氣, miasma)가 원인이며, 이 독기에 의해 인체 내 체액들의 균형이 깨져 전염병에 걸린다고 보았습니다.

이 4체액설은 병의 원인을 자연법칙에서 찾아야 한다고 본 아리스토텔레스를 거쳐 로마 황제의 주치의였던 갈레노스(129–199년경)에 의해 확장되고 다듬어집니다. 그는 검투사들의 주치의이기도 해서 부상당한 검투사들을 통해 뼈와 장기 구조를 많이 보았고 그에 관한 책을 쓰기도 했습니다. 인체 해부를 금기시했던 시대라서 인체 구조에 대한 지식 대부분이 동물 해부에 기초하였고, 따라서 많은 부분이 정확하지 않았음에도 갈레노스에 의해 집대성된 인간의 병에 대한 이론은 1,500년 동안 지속됩니다. 병의 원인과 치료에 대한 갈레노스 이론의 권위는 절대적이었습니다.

갈레노스의 저작들은 아리스토텔레스의 저작 등 그리스 고전들과 함께 아랍어로 번역되어 보존됩니다. 이슬람의 대표 철학자이며 의학자인 이븐시나(아비센나, 980–1037)는 갈레노스와

아리스토텔레스의 이론에 인도와 페르시아의 의학, 그리고
자신의 의학적 경험을 더해 《의학전범》을 집필합니다. 갈레노스
저술들의 아랍어 역본과 이븐시나의 이 저작은 12세기 이후 다시
라틴어로 번역되어 유럽에 전해졌고, 대학 의학 교과서로 널리
활용되며 중세 말기와 근대 의학에 큰 영향을 끼칩니다.

그런데 16세기에 마침내 기존 이론에 도전하는 일이
일어났습니다. 스위스의 의사이면서 연금술사였던
파라셀수스(1493-1541)는 1527년, 중세 의학의 교범이었던
이븐시나의 《의학전범》을 불태우고 권위와 전통에 얽매인
체액설을 비판하며 체액과 같은 관념이 아닌 경험적인 의학의
중요성을 설파했습니다. 그는 광산에서 일하는 사람들의
폐 질환을 직접 보면서 병은 체액이 아닌 외부 환경 때문에
발생한다고 주장했습니다. 그는 점성술 의학이라는 독특한
치료술도 주장했는데 이 주장은 널리 인기를 얻었습니다. 몸의 각
부위가 열두 개의 별자리(황도 12궁)와 연결되어 있으므로 태어난
별자리에 따라 질병과 체질을 예측하여 치료한다는 것입니다.
파라셀수스는 병이 내부의 체액 불균형이 아니라 환경이나 별 같은
외부 요인에 의한 것이라는 주장을 펼침으로써 당시 견고했던
체액설에 반기를 들었습니다. 한편 르네상스의 예술과 문학의
부흥이 인체 해부학의 발전에도 영향을 끼쳤습니다. 1543년
베살리우스(1514-1564)는 《인체의 구조에 관하여》라는 책을
통해 갈레노스와 이븐시나의 영향 아래 있던 의학계의 시각을
흔들었습니다. 그는 갈레노스의 기록에 200여 곳 이상 오류가
있다고 지적하고, 그동안 할 수 없었던 인체 해부를 직접 실행하고

관찰함으로써 의학의 새 지평을 열었습니다. 그러나 갈레노스 지지자들과 의학계의 강력한 공격으로 크게 영향을 끼치지는 못했습니다.

그처럼 견고했던 갈레노스의 권위가 결정적 타격을 입은 것은 그로부터 80여 년 후 영국의 윌리엄 하비(1578-1657)때문입니다. 하비가 이탈리아 파도바대학에서 유학 생활을 하며 배운 것은 갈레노스의 의학 체계였습니다. 갈레노스는 간에서 소화된 음식물로부터 만들어진 혈액이 정맥을 통해 몸의 각 부위로 공급된 후 소모, 즉 사라진다고 하였습니다. 그래서 새로운 피가 계속 만들어져야 한다고 했고 동맥은 폐에서 생기(生氣)를 운반해서 온몸에 퍼뜨리는 것으로 여겼습니다. 그러나 하비는 심장에 관한 많은 연구를 통하여 심장이 동맥을 통해 온몸에 혈액을 공급하고 그것이 다시 정맥을 통해 심장으로 돌아온다는 혈액순환설을 주장합니다. 이는 갈레노스의 이론을 정면으로 반박하는 주장이었습니다. 하비는 1628년 자신의 이론을 담은《동물의 심장과 혈액에 관한 해부학적 실험》을 출간합니다. 하지만 하비는 왜 피가 순환하는지 이유를 밝히진 못했습니다. 그 이유가 밝혀진 것은 그로부터 150년 뒤였는데, 1774년 산소가 발견된 후에야 사람들은 피가 순환하는 이유가 혈액을 통해 온몸에 산소를 공급하기 위한 것임을 알게 되었습니다. 하비의 발견은 의미 있는 발견이었지만 결정적으로 갈레노스의 4체액설을 대체할 수 있는 새로운 이론을 제공해 주지는 못했습니다.

그러다가 현미경이 발명된 이후 1800년대에 들어와서야 4체액설이 아닌 세균(박테리아)이 병의 원인이라는 주장이 등장했습니다. 이전에는 흑사병 같은 전염병의 원인을 악취를 풍기는 더러운 공기인 독기로 보는 '독기설'로 설명했습니다. 전염병이 생기는 곳에서는 대개 악취가 났기에 알 수 없는 독기가 병의 원인이라 주장한 것입니다. 이제 이 이론이 '세균설'로 대치된 것입니다. 그러나 앞에서 말한 대로 독기설도 4체액설의 일부였기 때문에 세균설이 치료법 부분까지 확장되는 데는 오랜 시간이 걸렸습니다. 세균설이 4체액설을 뒤집고 병의 원인과 치료법에서 우세하게 된 것은 19세기가 끝나갈 무렵이었습니다. 파스퇴르는 물이나 우유를 끓여 미생물 번식을 억제하면 장티푸스 같은 병의 전파를 막을 수 있다는 것을 발견했습니다. 조지프 리스터는 소독약을 사용하면 병원균을 죽일 수 있다는 것에 근거해 수술실과 환자의 상처 부위를 소독약으로 소독함으로써 환자의 감염을 크게 막을 수 있다고 발표했습니다. 로베르트 코흐는 미생물을 생체에서 분리하여 배양하는 방법으로 결핵균 같은 병을 일으키는 병원균들을 규명했습니다. 코로나바이러스처럼 세균보다 훨씬 더 작은 바이러스도 많은 병의 원인이 된다는 사실은 시간이 더 흘러 1940년대 전자 현미경이 발명된 이후에야 확립되었습니다. 하지만 세균설은 우리 몸에서 생기는 비감염성 질병들을 설명할 수는 없었습니다. 그러나 1800년대에 병은 우리 몸을 이루는 세포의 변화 때문이라고 주장한 루돌프 피르호를 시작으로 출발한 세포병리학의 등장으로 해결되기 시작합니다. 이후 세포와 인체 조직 연구가 발전했고 20세기 중반에는 DNA가 발견되어 물질대사 장애, 돌연변이나 유전자 결함으로 암이나 각종 질병이 생긴다는 사실을 밝혀냈습니다. 현재 유전자와 질병의 관계에

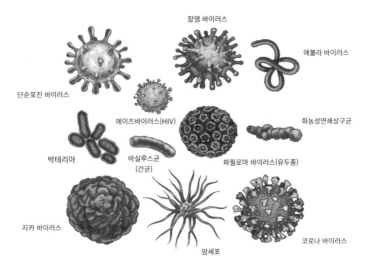

다양한 바이러스와 박테리아(세균), 그리고 암세포

대해서는 엄청난 양의 연구가 진행되고 있습니다. 세포설과
세포병리학 등이 등장하고 나서야 인류 역사에서 오랜 기간 명성을
날렸던 체액설이 사라졌습니다.

바이러스와의 싸움

인간에게 질병을 일으키는 전염병의 원인은 크게 세균(박테리아)과
바이러스로 나뉩니다. 중세에 창궐했던 페스트(흑사병)는 쥐의
벼룩에 사는 페스트균에 의한 세균성 전염병입니다. 반면 우리가
잘 아는 감기, 독감, 홍역, 간염, 수두, 에이즈 등은 바이러스에 의한
전염병입니다.

　바이러스는 독특한 존재입니다. 바이러스는 세포 한 개로

이루어진 박테리아 같은 단세포 생명체가 아닙니다. 세포를 구성하는 구조나 성분들이 없습니다. 몸을 움직일 수 있는 기관도 없습니다. 오직 핵산이라 부르는 유전물질인 DNA 혹은 RNA 조각과 단백질 껍질로 이루어져 있을 뿐입니다. RNA는 리보핵산(ribonucleic acid)의 약자로 구조는 DNA와 아주 유사하지만 DNA보다 화학적 반응성이 더 좋고 세포의 핵이 아닌 세포질에서도 복제가 가능한 유전물질입니다. 그러니 바이러스는 물질 혹은 무생물이라 부를 수 있습니다. 즉 스스로 움직이거나 음식을 먹어 에너지를 얻는 생명 활동을 하지 않기 때문에 생명체라 부르기 어렵습니다. 그런데도 바이러스는 우연히 다른 생명체(숙주)에 들어가면 그 생명체의 세포에 스며들어 세포를 이용해 자신을 복제하여 자기와 똑같은 바이러스를 만듭니다. 이렇게 자손을 만든다는 점에서 생명체의 특징을 가진다고도 할 수 있습니다. 생물과 무생물의 중간쯤 되는 존재, 혹은 생물도 무생물도 아닌 존재인 셈이죠. 바이러스의 크기는 세포 한 개로 이루어진 박테리아의 수십 분의 일밖에 안 되어 일반 현미경으로는 관찰이 안 됩니다. 그래서 인류는 오랫동안 바이러스의 존재를 몰랐습니다. 뭔지는 모르지만 병을 일으키는 존재였기에 라틴어로 '독'이라는 뜻의 비루스(virus)로 이름을 붙여서 불렀습니다. 그러나 오늘날 전자현미경 덕분에 바이러스의 모양을 잘 볼 수 있게 되었죠.

코로나바이러스라는 이름은 전자 현미경을 통해 본 바이러스의 모양이 태양의 둥근 외곽 불꽃인 코로나의 모양을 닮았기 때문에 붙여진 이름입니다. 코로나바이러스는 주로 동물의 호흡기 속에

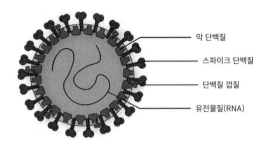

막 단백질

스파이크 단백질

단백질 껍질

유전물질(RNA)

바이러스의 구조

머물며 동물 간에 전파되는 바이러스입니다. 코로나바이러스는 유전물질인 RNA 조각을 가지고 있는데, 이 유전물질이 동물의 세포 속에서 복제될 때 섞이거나 복제 오류가 많이 일어나면서 많은 변종이 생깁니다. 그렇게 만들어진 변종 바이러스 질환의 예가 2003년 유행한 사스(중증 급성호흡기증후군)와 2015년 유행한 메르스(중동 호흡기증후군)입니다. 무엇 때문에 어떤 변종은 전염성이 강하고, 어떤 변종은 치사율이 높은 것인지 원인은 아직 모릅니다. 앞으로 또 어떤 변종이 만들어질지도 예측하기 어렵습니다.

코로나바이러스가 어떻게 동물에게서 인간에게로 전파되었는지는 분명하지 않습니다. 스스로는 움직이지 못하는 바이러스가 동물과 인간, 그리고 인간과 인간 사이 어떤 접촉을 통해 전파되었다는 것만은 분명합니다. 그래서 감염 예방을 위해 접촉을 피하고, 마스크를 쓰고, 손을 자주 씻고, 화장실을 청결하게 하라고 하는 것입니다. 사람에게 전파된 바이러스는 사람의 호흡기 세포 속에 자신의 유전물질인 RNA를 밀어 넣어 복제하며 새로운 바이러스를 만듭니다. 신기하게도 우리 몸은 바이러스의 은밀한 침투를 즉각 알아채고 면역물질을 만들어 바이러스의 공격을 막아 내기 위해 반응합니다. 고열과 콧물과 기침 등의 증상은 바이러스를 파괴하고 몰아내기 위한 우리 몸의 전투라고 할 수 있습니다. 고열은 바이러스의 활동을 무력화시키는 방법입니다. 목욕을 하거나 몸을 따뜻하게 하고 따뜻한 물이나 차를 마시는 것도 그런 이유에서입니다. 기침이나 콧물로 바이러스는 우리 몸에서 쫓겨나지만, 기침이나 콧물을 통해 다른 사람에게 전파되어 계속 번식하는 것을 보면 기침과 콧물 같은 증상이 생존을 위한 바이러스의 전략은 아닌가 하는 생각이 들기도 합니다. 보이지도 않는 미물 바이러스와 맞서 싸우는 일은 상당히 힘든 일입니다. 바이러스는 온전한 생명체도 아닌지라 죽일 수 있는 존재도 아닙니다. 우리 몸의 세포 속에 침투한 이물질이라서 세포를 파괴하지 않고서는 제거하기가 어렵지요. 스스로 음식을 먹는 데서 에너지를 얻는 것도 아니기 때문에 대사를 차단하여 굶겨 죽일 수도 없습니다. 그래서 우리 몸이 면역 체계를 이용하여 스스로 이겨내기를 기다리거나 바이러스가 알아서 나가주기를 기다려야 합니다.

바이러스 치료제(항바이러스제)는 몸속 세포를 파괴하여 바이러스를 제거하기 때문에 에이즈나 간염같이 생명에 위협을 주는 질병에 제한적으로 사용됩니다. 다만 이번 코로나바이러스의 경우 상황을 예측하기가 어려워 에이즈 치료에 사용하는 항바이러스제 치료를 병행했다고도 합니다. 아직 감염되지 않은 사람들에게 백신이라 부르는 소량의 바이러스를 주입하기도 합니다. 약한 적과 미리 싸워 전투력을 올리는 방법입니다. 바이러스는 계속 변종을 만들어내기 때문에 모든 바이러스를 이겨내는 백신을 만드는 일은 쉽지 않습니다.

과학의 발달로 인류가 전염병에 대응하는 데 획기적 성과를 거둔 것은 사실입니다. 그러나 최근 매해 발생하는 AI(조류독감), 아프리카돼지열병, 구제역, 사스, 신종플루, 메르스, 에볼라 등 동물과 인간에 대한 각종 바이러스 전염병을 보면 이것들과의 싸움이 결코 쉬운 일이 아님을 알 수 있습니다. 우리나라만 봐도 이 전염병 전파를 막기 위해 동물을 집단적으로 생매장하고 있지 않습니까? 과학이나 의학으로 전염병을 이겨내는 것에는 분명한 한계가 있습니다. 사람이 해결할 수 있다는 생각은 어쩌면 과학이 심어준 막연하고 잘못된 믿음일지도 모릅니다.

바이러스가 변이하는 이유

생명체에서 유전자의 변이는 일상적입니다. 생명체는 쉴 새 없이 유전자를 복제합니다. 인간은 몇 개월 만에 몸의 세포 대부분을 새것으로 바꿀 수 있을 정도로 쉬지 않고 유전자를 복제하여 새로운 세포를 만들고 생명 활동을 이어갑니다. 정상적인 경우 인간의 유전자는 복제될 때 오류가 생기지 않습니다. 유전 정보, 즉 유전자가 들어 있는 DNA는 안전하게 두 가닥으로 붙어 있고, 복제 과정에서 오류가 있으면 복제 효소가 즉시 알아차려 오류를 바로잡습니다. 인간의 경우 유전자 변이는 부모 유전자가 반씩 섞여 태어나는 자녀에게서만 일어납니다. 수십 년에 한 번씩

자녀를 통해 변이가 일어나는 것입니다. 하지만 어떤 원인에 의해 변이가 생기면 그것은 암세포로 우리 몸에 병을 일으키기도 합니다. 동물이나 식물도 비슷한 방식으로 자연 변이가 일어납니다. 물론 인간이 인위적으로 방사선을 쬐거나 유전자를 변형시켜 유전자 변이를 통해 품종을 개량하는 경우도 있고요. 유전자 변이로 인해 시간이 지날수록 생명체의 유전자는 더 다양해집니다. 생명체는 유전자가 다양할수록 생존에 유리합니다. 종(種)은 순수할수록 바이러스나 세균의 외부 공격에 취약합니다. 유전자가 동일한 단일 특성을 가진 생명체는 자칫 한 번의 공격에 전부 멸종할 수 있습니다. 그래서 모든 생명체는 가능하면 가까운 친족 관계가 아닌 먼 종족과 교배하고 수정하여 유전자가 다양한 자손을 남기려고 합니다. 이것은 끊임없이 다양성을 확보하여 건강하게 종족을 보존하는 방법입니다.

그런데 암수 구분이 없는 바이러스는 박테리아(세균)처럼 생명체로써 스스로 분열하여 자손을 번식시킬 수 없습니다. 오직 숙주(인간 등)에 기생하여 숙주 세포를 통해서만 번식이 가능합니다. 코로나바이러스는 한 가닥으로 된 RNA(리보핵산)에 유전자가 들어 있는 바이러스로, 복제될 때 두 가닥의 DNA보다 불안전하여 오류를 많이 일으킵니다. 그래서 복제될 때 변이가 많이 일어납니다. 바이러스는 오류를 통해 다양성을 확보하여 생존경쟁에서 살아남습니다. 바이러스는 복제를 하면 할수록 변이의 가능성이 높아집니다. 더 다양한 변이가 생기는 것입니다. 그런데 변이를 일으키는 방향이나 목적이 없습니다. 복제를 통해 오류가 나고 오류가 난 변이들이 생겨날 뿐이고, 변이 중 생존에 유리한 종이 자손을 남겨 살아남는 것입니다. 만일 백신 접종이 다 이루어져도 살아남은 변이가 있다면 그 변이는 자손을 남길 것입니다. 거리두기로 방역을 철저히 하면 치명률이 높은 변이는 사라지겠지만, 증상이 거의 없는 변이는 살아남을 것입니다. 증상이 거의 없어지면 거리두기를 없앨 것이기 때문입니다. 이것이 팬데믹의 결말이 치명률 낮은 변이가 독감과 감기처럼 인간과 공존하는 것으로 귀결되리라 예측하는 이유입니다. 물론 바이러스가 생각을 하면서 고도의 생존 전략을 짜는 것은 아닙니다. 우연히 일어나는 것이지요. 현대과학은 이를 '적응하는 종이 살아남는다'는 말로 설명합니다.

병과 바이러스를 대하는 우리의 태도

현대과학은 오랜 연구 가운데 질병의 원인을 밝혀냈지만 대부분 질병은 인체 내부와 외부의 복합적 원인을 가지고 있기 때문에 질병을 완전히 이해하는 것은 쉬운 일이 아닙니다. 현재 알려진 인간의 질병은 1만여 개에 이릅니다. 여기에 새로운 질병들이 끊임없이 생기고 있습니다. 앞서 살펴본 병의 원인에 대한 역사적 논쟁을 볼 때 우리의 의학 상식도 시간이 지나면 폐기될 수 있다는 것을 인식하게 됩니다. 우리가 믿고 있는 과학과 의학 상식에도 결핍과 시대적 한계가 반영되어 있을 것입니다. 지금껏 밝혀진 연구 결과에 감사하되 지금 우리가 믿는 의학 이론 역시 한계가 있음을 아는 것이 신자의 지혜로운 태도일 것입니다.

인간의 타락 이후 이 땅은 인간과 동물, 그리고 한낱 미물에 불과한 박테리아와 바이러스까지 각자도생을 위한 끝없고 고달픈 싸움의 현장이 되었습니다. 이 싸움은 예수 그리스도께서 다시 오셔야만 끝날 것입니다. 우리는 하나님의 존재를 인정하지 않는 시대를 살고 있습니다. 과학기술 시대를 사는 신자는 시대의 과학기술적 판단을 존중하며 살아야 합니다. 동시에 과학기술적 상식에서 출발하여 하나님과 복음의 답변으로 이어갈 수 있는 세심한 지혜를 발휘해야 합니다. 하나님은 변이와 적자생존을 통해 생명체가 이 땅에 가득하도록 하셨습니다. 생명체들은 이러한 방식으로 "이 땅에 충만하라"(창 1:28)는 하나님의 명령에 순종하며 살아갑니다. 이렇게 드러나는 하나님의 창조의 풍성함과 다양성을 이해하고, 동시에 적절하게 대응할 수 있도록 연구하고 알아가는 것은 신자가 하나님께 영광을 돌리는 방법 중 하나일 것입니다.

생명공학,
바이러스와의 공존

현대과학은 생명을 DNA(혹은 RNA)라는
물질로 말합니다. 생명체가 마치
컴퓨터처럼 작동된다는 것입니다.
코로나바이러스 백신도 이 원리를 이해한
생명공학 기술을 이용하여 만들었습니다.
이 생명공학 기술이 생명의 모든 문제를
해결할 수 있을까요?

백신이 개발되면서 코로나바이러스의 기세가 한풀 꺾이는 듯 보였습니다. 이 놀라운 일을 생명공학(바이오)이라는 과학기술이 해냈습니다. 백신 개발에는 그동안 인류가 축적한 생명에 대한 모든 과학기술이 집약되어 있습니다. 사실 과학의 발전에 기독교는 큰 영향을 끼쳤습니다. 하나님이 만드신 세상을 정확하게 보는 것이 신자의 책임이라 여기고 많은 과학적 법칙을 발견한 것입니다. 하지만 코로나 사태를 겪으면서 대면 예배를 고집하는 일부 교회들 때문에 교회는 전염병의 온상이라는 오명을 얻었습니다. 동시에 사회에 어떠한 기여도 하지 못하고 있다는 비난을 받으며 위상이 급격하게 추락하기도 했었죠. 이에 반해 생명공학과 나노기술 등 단기간에 백신을 개발하여 사회에 도움을 주고 있는 과학기술의 위상은 끝없이 높아졌습니다. 마치 이 사태를 해결할 인류의 유일한 희망이 과학기술의 손에 달린 것처럼 말입니다. 교회와 과학기술이 공존할 수 있는 지혜는 없는 것일까요?

코로나바이러스 백신과 생명공학

백신은 약한 바이러스나 죽은 바이러스 혹은 그 조각(단백질)을 우리 몸에 주입하여 우리 면역계로 미리 약한 싸움을 싸우게 함으로써 바이러스와의 진짜 싸움에 대비한 준비를 하게 하는 예방약입니다. 백신과 싸워 봄으로써 싸움을 기억하는 기억세포와 항체(바이러스가 우리 세포 속으로 들어가지 못하도록 막는 단백질)를 만드는 것입니다. 백신의 효능은 우리 몸이 항체를 만들어 내게 하느냐 그렇지 못하느냐에 달려 있습니다.

그런데 이번에 개발된 코로나바이러스 백신들은 기존의 백신과는 전혀 다른 종류의 백신입니다. 화이자 백신과 모더나 백신은 지금까지 인간에게 사용이 허가되지 않아 백신으로는 사용되지 않았던 방식, 즉 인공적으로 만든 mRNA(messenger-RNA, 전령 RNA) 유전자를 인체에 직접 주입하는 백신입니다. 코로나바이러스를 둘러싼 껍질의 스파이크 단백질을 합성하는 유전 정보대로 배열한 유전물질(mRNA)을 우리 몸에 직접 주입하여 우리 몸의 세포가 그 정보대로 코로나바이러스의 껍질 단백질을 만들게 하는 것입니다. 그러면 우리 몸의 면역계는 이를 외부 침입자인 코로나바이러스로 알고 공격하며 항체를 만들게 됩니다. 이것은 바이러스를 이루는 단백질 조각을 우리 몸에 넣는 독감 바이러스와도 전혀 다른 방식의 백신입니다.

이런 RNA 유전자를 백신으로 사용할 수 있다는 아이디어는 이미 수십 년 전부터 제기되었고 많은 연구가 진행되었지만, 실제 우리 몸에 투여된 것은 이번이 처음입니다. 평소 같았으면 오랜 시간 철저한 임상 실험과 방대한 자료로 안전성 검증을 한 후 사용 승인을 했겠지만, 팬데믹이라는 특수한 상황을 이유로 미국을 중심으로 일부 국가들이 백신 긴급 승인을 허용해 주었습니다. 제약 회사들로서는 코로나바이러스 덕분에 뜻밖의 기회를 얻게 된 셈이죠. 새로운 방식의 백신을, 인간의 몸에, 그것도 전 인류를 대상으로 투여해 볼 수 있게 되었기 때문입니다. 더구나 화이자(Pfizer)는 국제적인 대형 제약 회사로 잘 알려져 있었다고 하지만, 모더나는 미국 MIT와 하버드 대학이 있는 매사추세츠의 대학 도시 케임브리지에서 2010년 설립된 바이오 업체로서 코로나 백신 이전에는 상품을 내놓거나 양산한 경험이 없는 연구 개발 업체였으니까요.

영국 케임브리지에 있는 아스트라제네카는 영국–스웨덴 국제 회사로 옥스퍼드 대학과 공동으로 백신을 개발했고, 존슨 앤드 존슨은 벨기에 자회사인 얀센을 통해 백신을 개발했습니다. 이 회사들의 백신은 mRNA 대신 코로나바이러스의 유전 정보를 가진 DNA 유전자를 이미 잘 알려진 바이러스 벡터(바이러스 운반체)를 통해 우리 몸에 주입하는 백신입니다. 즉 감기 기능을 상실한 아데노바이러스에 이 DNA를 넣어 우리 몸의 세포 속에 전달되도록 만든 백신입니다. 코로나바이러스와 유사한, 코로나바이러스 DNA를 가진 아데노바이러스를 투여하는 것이죠. 이 백신이 우리 몸에 주입되면 주입된 DNA는 코로나바이러스 단백질을 만들고, 이 단백질이 면역계를 작동시켜 기억 세포와 항체를 만듭니다. 불안정한 RNA 대신 안정적인 DNA를 사용하기 때문에 상온 보관이 가능하며, 기존에 알려진 바이러스를 운반체로 사용한다는 점에서 화이자 백신과 모더나 백신보다는 다소 전통적 방식 같지만, 이 방식 역시 유전물질을 인체에 직접 넣는다는 점은 마찬가지입니다.

이 새로운 방식의 백신이 별다른 부작용과 후유증 없이 효과를 발휘한 것으로 결론이 나면 향후 유전물질을 직접 투여하는 암 백신과 수많은 약제들이 시장에 쏟아져 나올 것입니다. 그야말로 유전자를 이용한 생명공학 산업이 본격화되는 것이지요. 코로나바이러스를 이기려는 노력 가운데 유전자를 이용하는 생명공학 기술이 인류에 성큼 다가오는 것입니다. 유전자변형식품(GMO)에 대한 논란이 있었던 시절을 생각하면 격세지감입니다. 유전자를 마음대로 다루고 인체에 주입하는 시대가 온 것입니다. 지금의 생명공학 기술은 초기 유전자를 다루던 시절과는 비교할 수 없을 정도로 정교하게 발전했습니다. 그렇지만 유전물질을 인체에 직접 주입했을 때 어떤 일이 생길지는 누구도 예측하기 어렵다는 신중한 시각도 있습니다. 우리는 생명공학이 하나님의 선물임을 알고 선하게 사용하는 동시에 뒤따르는 우려와 염려에 충분히 경각심을 가져야 합니다.

코로나바이러스의 유전자 정보를 밝혀 그 유전 정보를 가진 유전자를 인공적으로 만들어 우리 몸 안에 넣으면, 그 바이러스 단백질을 우리 몸이 그대로 복제합니다. 이는 생각할수록 신기한 현상입니다. 마치 어떤 파일을 컴퓨터로 작성하여 USB에 보관하였다가 다른 컴퓨터에 연결하면 똑같이 작동하는 것과 비슷합니다. 유전 정보만 있으면 어떤 생명체에서든지 그 정보대로 생명 현상을 일으킬 수 있다는 뜻입니다. 인간이 생명의 신비에 점점 더 가까이 다가가고 있는 것입니다. 코로나바이러스 백신 개발로 생명공학 기술이 앞으로 어떤 방향으로 흘러갈지 정확히 알기는 어렵습니다. 그러나 인간이 생명의 핵심인 유전 정보를 마음대로 다루며 생명을 지배하는 시대로 갈 것은 분명해 보입니다. 반도체를 이용한 2진법 디지털 정보가 온 세상을 바꾸었는데, 이제 DNA나 RNA를 이용한 4진법 유전 정보가 그다음 세상으로 우리를 이끌고 가려 합니다. 코로나바이러스가 단시간에 비대면 세상을 만들더니 또 단시간에 생명공학 시대를 만들려 하고 있습니다. 우리는 코로나바이러스 백신 개발을 보면서, 우리 앞에 현실로 다가오는 이런 미래에 근본적인 질문을 던지며 대비해 나가야 합니다. 생명공학의 엄청난 발전과 생명공학 산업의 급속한 성장이 우리 신앙에 이전과는 차원이 다른 엄청난 도전을 던지게 될 수도 있기 때문입니다.

백신이나 생명공학 기술을
얼마나 신뢰할 수 있는가

사람들은 백신을 지나칠 정도로 신뢰하고 있습니다. 동시에 백신에 부작용은 있을 수 없다고 생각하는 것 같습니다. 생명과 직결되는 문제이기 때문에 어쩌면 당연한 생각인지도 모릅니다. 하지만 과학기술에 기대하는 과도한 신뢰는 짚고 넘어갈 필요가 있겠습니다.

오차와 에러는 과학과 과학기술 제품의 기본 특징입니다. 백신의 부작용도 예외일 수 없습니다. 과학은 엄밀히 따지면 '정확'하다고 할 수 없습니다. 법칙이라 불리는 과학 법칙도 마찬가지입니다. 우리가 아는 대부분의 법칙은 통계적으로 오차 범위를 가집니다. 예를 들어 물질이 변해도 질량은 늘 보존된다는 질량보존의 법칙도 속도가 변하면 상대성 이론에 따라 물질이 에너지로 변하기 때문에 엄밀하게는 정확하다고 할 수 없습니다. 그런 점에서 과학은 '진리'라고 할 수 없고 '사실' 정도로 간주할 수 있습니다. 과학기술 제품 역시 오차, 불량, 혹은 부작용이 있을 수 있습니다. 마치 여론조사 신뢰도와 같은 것이죠. 끊임없이 새로운 과학적 사실을 발견하고 새로운 제품을 만들어 가는 과학기술의 특징입니다. 때문에 과학기술을 무시해서도 안 되겠지만, 그것을 진리인 것처럼 지나치게 높이거나 과도하게 신뢰하는 것은 바른 태도라 할 수 없습니다. 백신이든 약이든 과학기술 제품인 이상 부작용은 있을 수밖에 없습니다. 따라서 할 수만 있다면 제품들을 비교 평가하고 나에게 부작용이 가장 적은 약을 사용하는 것이 좋은 방법일 것입니다. 백신이라는 의약품 자체를 지나치게 신뢰하거나 맹목적으로 불신하는 태도는 바람직하지 않습니다.

바이러스와 공존하는 지혜

하나님은 왜 바이러스를 창조하셨을까요? 이렇게 치명적인 바이러스도 하나님의 창조물이라고 할 수 있을까요? 바이러스를 하나님이 만드셨음은 분명합니다. 바이러스를 이루는 물질들이 생명체와 공통된 특징들을 가진다는 점에서 하나님에 의한 창조물과 통일성이 있기 때문입니다. 이러한 신비한 존재를 만들 수 있는 분은 하나님 외에는 없습니다. 하나님은 물질과 비물질 중간에 양자역학으로만 이해되는 빛을 만드셨듯 생명과 비생명의 중간에 바이러스를 만드셨습니다. 세상은 이렇게 하나님의 창조물로 충만합니다. 우리는 팬데믹을 겪으며 바이러스를 제거해야 할 대상으로만 보지만, 대부분의 바이러스는 우리와 공존하고 있습니다. 바이러스의 99.9%는 해를 끼치지 않습니다. 우리 몸속 바이러스들이 우리에게 적절한 긴장을 주어 면역 체계를 강화한다는 연구 보고도 많습니다. 인류의 85% 속에 산다는 헤르페스 바이러스는 과로하거나 건강이 약해지면 수두나 물집, 또는 대상포진을 일으킵니다. 바이러스가 몸을 과도하게 사용하는 것을 경고하는 것이라 볼 수 있습니다. 감기나 독감 바이러스도 마찬가지입니다. 아직 우리가 이 미물에 대해 잘 이해하지 못해서 그렇지 하나님께서 이것을 만드신 이유가 분명 있지 않을까요?

코로나바이러스로 인한 팬데믹을 거치며 우리는 완성된 나라에 사는 것이 아니라 여전히 타락한 세상 속에서 살고 있음을 기억해야 합니다. 어떤 이들은 과학과 의학의 힘으로 바이러스와 질병, 죽음을 이기는 일이 가능하다고 말하고 행동합니다. 그러나 우리는 질병이나 죽음 없는 세상을 만들 수 없습니다. 하나님 나라가 완성되는 날까지 생명을 위협하는 각종 위험과 더불어 살아가야 합니다. 그렇게 세상을 살아갈 때 하나님은 우리를 연단시키시고 하나님에게로 가까이 우리를 이끄실 것입니다. 따라서 우리는 우리를 위협하는 바이러스와 공존하며 살아갈 수 있는 지혜를 찾아야 합니다. 미물까지 포함하여 하나님이 만드신 생태계 전체를 더 잘 이해하고 보존하려는 노력과 동시에 지식에 근거해 위생, 환경 등을 개선하는 노력을 해야 할 것입니다.

덤. 포스트 코로나 준비하기

약 3년간 지속된 코로나바이러스로부터의
해방인 엔데믹(endemic, 풍토화)이
금방 올 것 같았는데 쉽게 끝나지 않고
있습니다. 변이 바이러스로 다시 확산
추이가 늘 수도 있지만, 언젠가 엔데믹은
올 것이고 우리는 포스트 코로나를
준비해야 할 것입니다. 우리는 어떤 태도로
포스트 코로나를 준비하면 좋을까요?

코로나19로 인한 팬데믹 시기가 지나고 일상이 차츰 회복되는 것 같습니다. 소위 말하는 엔데믹, 위드 코로나(with Covid)로 가는 것입니다. 전 인류에 전파된 코로나바이러스를 인정하고 함께 공존하자는 것으로 거리두기나 경제 활동 제약 등을 완화하고, 중증 환자를 관리하는 방향으로 전환하고 있습니다. 백신이 빠르게 개발되었고, 비교적 접종도 빠르게 진행되었기 때문에 가능한 일입니다. 코로나바이러스 감염을 퇴치할 항바이러스제 같은 치료제가 나오면 엔데믹을 앞당길 수 있을 텐데, 아직 제대로 된 치료제는 나오지 않고 있습니다.

바이러스와 함께 사는 인간

코로나 19로 온 세상이 멈춘 듯했습니다. 학교, 가게, 회사 등이 문을 닫았고, 교회도 문을 걸어 잠가야 했습니다. 해외로 가는 길이 막히기도 했었죠. 전파력과 치사율을 예측하기 어려운 신종바이러스는 인류를 불안에 몰아넣었고 실생활에도 많은 제약을 주었습니다.

이 코로나바이러스는 직경이 약 $0.1\mu m$(마이크로미터) 크기의 공처럼 생긴 존재입니다. 즉 약 100nm(나노미터)인데 1nm는 10억분의 1m입니다. 우리 몸의 세포 크기가 대략 $10\mu m$–$100\mu m$쯤으로 다양하기 때문에 세포의 크기에 따라 세포 하나를 축구장 크기로 본다면 바이러스는 축구공 정도 크기이며, 탁구대 정도로 본다면 탁구공 정도 크기가 될 것입니다. 축구장에 정체

모를 축구공 하나가 굴러들어와서 소란을 일으키는 격이라고 할 수 있을 것 같습니다. 이 바이러스는 초미세먼지(PM2.5)보다도 작습니다. 길이로는 초미세먼지의 1/25, 부피로는 1/15,000의 크기입니다. 담배 연기(0.4~1μm)의 1/4~1/10 길이, 1/100~1/1,000 부피를 차지하는 크기입니다. 즉 폐질환을 일으킬 위험성을 가진 초미세먼지와 담배 연기보다 훨씬 작은 크기입니다. 그래서 이 바이러스가 호흡기 세포 구석구석까지 도달하는 일은 아주 쉬운 일이고, 우리 몸속에 들어오는 것을 막기란 쉽지 않은 것입니다. 이 작은 바이러스를 찾고 막으려는 의학과 과학의 사투는 눈물겨웠습니다.

2021년 2월 18일 자 〈사이언스데일리〉는 같은 날 출판된 과학 저널 〈셀〉을 인용하여 인간 안에 사는 바이러스가 14만 종에 이른다고 발표했습니다. 물론 한 인간 안에 산다는 말은 아니고, 전 인류에 퍼져 있는 바이러스의 종류가 이만큼이나 많다는 것입니다. 2020년 12월 〈사이언티픽 아메리칸〉은 한 인간의 몸속에는 380조 개의 바이러스가 있다고 주장했습니다. 사람 안에 사는 박테리아는 약 1만 종이며, 한 사람 안에 사는 박테리아의 수는 바이러스의 1/10 정도입니다. 우리 몸은 단백질, 지방, 탄수화물이 풍부하여 박테리아 같은 미생물이 살기에 적합하고, 이 미생물은 바이러스가 증식하기 좋은 환경을 제공합니다. 우리 몸은 생물과 생태계의 다양성을 보여주는 하나의 세상입니다.

우리 몸에 있는 바이러스 대부분은 몸속 조직 세포를 직접 감염시키지 않습니다. 대신 몸속 박테리아를 이용하여 증식합니다. 왜냐하면 바이러스가 증식을 위해 우리 몸을 직접 감염시키면 우리 몸의 면역 체계가 즉시 작동하여 바이러스를 파괴하기 때문입니다. 그런데 코로나바이러스처럼 몸의 면역 체계가 작동하지 않아서 우리 몸을 감염시키는 바이러스가 있습니다. 바이러스 감염증입니다. 바이러스 감염을 막기 위해 다양한 백신을 개발하고 접종하여 인위적으로 면역 세포를 만들어 줘야 합니다. 이런 소수의 바이러스를 제외한 몸속 대부분의 바이러스는 사람에게 무해한지, 또는 유익을 주는지 잘 알려져 있지 않습니다. 하나님께서 엄청난 수의 미물과 매일 공존하며 살아가게 하신 이유는 여전히 미스터리로 남아 있습니다. 지난 3년 정도의 시간 동안 인류는 힘겹게 코로나바이러스와 싸워 왔습니다. 작고 작은 바이러스와의 싸움은 보통 어려운 것이 아니었습니다. 새로운 바이러스 종들이 계속 인간을 감염시키고 있으니 앞으로도 이 땅에서 바이러스와의 싸움은 끝이 없을 듯합니다. 그래서 인류가 바이러스와 공존하는 길을 모색하는 것은 타당한 결정이라 할 수 있겠습니다.

포스트 코로나, 생태계 다시 생각하기

이번 코로나 사태가 생태계 파괴에서 시작되었다는 것이 전문가들이 대체로 동의하는 내용입니다. 인간이 풍요를 위해, 즉 경제적 성장을 위해 자연과 동식물의 터전을 파괴한 데서 시작된 일이라는 것입니다. 그러므로 엔데믹과 위드 코로나를 논의할 때 풍요와 경제적 성장을 좇던 이전 모습 그대로 돌아가는 것이 맞는지 잘 생각해봐야 할 것입니다. 반성과 대책이 빠져서는 안 되겠지요.

엔데믹과 위드 코로나를 논할 때 주로 의학이나 과학적 기준으로 결정을 내리곤 합니다. 하지만 앞서 과학의 오차 범위에 대해 이야기했듯이 의학이나 과학으로 정확한 기준을 정하기는 어렵습니다. 접종 완료 비율이나 집단 면역 비율과 같은 기준은 통계적으로 얻어진 참고 자료일 뿐입니다. 위드 코로나를 시행하자는 주장이 처음 나왔을 때 그 근거로 매년 100만 명 이상이 사망하는 독감 바이러스를 예로 들었습니다. 그러나 코로나바이러스는 여전히 변이가 진행 중이기 때문에 증상과 치명률을 단정 짓기 어렵습니다. 따라서 의학이나 과학 못지않게 사회적 합의가 중요할 것입니다. 우리가 어떤 사회를 만들어 나갈 것인지 신중하게 고민해야 합니다. 코로나바이러스로 인한 중증 감염이나 사망은 주로 노약자에게 일어납니다. 경제적 희생을 감수하는 동시에 약자를 보호해야 합니다. 이런 점에서 포스트 코로나 시대에 관한 논의를 과학이나 의학에만 맡겨서는 안 됩니다. 나아가 크리스천은 포스트 코로나를 이야기할 때 한 가지를 더 염두에 두면 좋겠습니다. 교회가 주일 예배를 드려야 한다는 것을 넘어서서 어려운 현실 속에 어떻게 복음을 드러낼 수 있는지, 어떤 긍정적인 역할을 할 수 있는지 질문하고 답할 수 있으면 좋겠습니다. 이것이 포스트 코로나를 맞는 교회가 힘써 노력해야 할 부분일 것입니다. 우를 반복하지 않는 우리가 되길 소망합니다.

자연과 일상생활

결핍된 자연,
결핍된 땅

인간이 이룬 과학기술 문명의 폐해가
클수록 사람들은 자연에 기대하는 바가
커집니다. '자연적인 것'이 더 건강하고
좋고 안전하다는 주장에 힘이 실리고
있는데 정말 그럴까요? 자연의 모든 것은
선할까요?

먹거리로 경제적 이익을 누리려는 인간의 탐욕은 끝이 없습니다. 그 탐욕을 부추기는 데 과학기술이 큰 역할을 하고 있지요. 예를 들면 식물 생산성과 보관 기간을 늘리기 위해 비료, 농약, 방부제를 남용하고 식품으로서의 가축 품질과 사육 생산성을 높이기 위해 과학기술이 동원됩니다. 그러나 농약, 비료, 항생제, 성장호르몬, GMO 등에 대한 사람들의 불신이 팽배합니다. 사람들은 자연 친화적 식품을 찾습니다. 유기농과 친환경 제품의 인기에서 잘 볼 수 있지요. 성경은 자연에 대해 뭐라고 말하고 있을까요? "땅은 너로 인하여 저주를 받고 너는 종신토록 수고하여야 그 소산을 먹으리라"(창 3:17-18). 이 말씀을 토대로 자연에 관해 살펴보도록 하겠습니다.

결핍된 땅, 그 속의 치열한 생존경쟁

이 세상은 약육강식, 적자생존의 치열한 생존경쟁 사회입니다. 현대과학은 이것을 자연의 본 모습으로 규정합니다. 먹고 먹히는 치열한 생존경쟁을 자연스럽고 선하다고 보는 것입니다. 그러나 성경은 하나님의 창조 세계가 죄로 물들었다고 말합니다. 아담의 죄로 인해 저주 아래 놓인 것은 인간만이 아닙니다. 창조 세계 전체가 본디 선한 모습에서 저주 아래 놓이게 되었고 간절히 구속을 기다리고 있는 것이지요.

창조 세계가 죄로 물든 순간부터 먹거리의 원천인 땅은 영양소 결핍을 겪기 시작한 듯합니다. 식물 성장에 필수성분인 질소, 칼륨,

인산, 마그네슘은 인위적으로 공급해줘야만 합니다. 왜 유독 이 원소들만 결핍이 심한지는 모릅니다. 재미있는 것은 땅에 부족한 질소는 공기의 80%나 차지할 정도로 공기 중에 풍부합니다. 그러나 공기 질소(N_2)는 두 원자가 너무 단단히 결합되어 있어 식물이 직접 이용할 수 없어요. 그림의 떡이죠. 공기 중의 질소를 깨트려 사용할 수 있는 방법은 번개와 콩과(科) 식물(토끼풀 등)의 뿌리혹박테리아에 의한 분해밖에 없습니다. 새와 동물의 배설물을 통한 공급도 가능하지만 그 양이 매우 제한적입니다.

　결핍된 자연을 살아가는 생명체는 결핍 가운데 살아남기 위해 모든 수단을 동원합니다. 식물은 잡아먹히지 않기 위해 가시를 만들거나 각종 독소를 뿜어내거나 다른 보호 성분을 가지고 있습니다. 피톤치드가 독극물인 것을 알고 계셨나요? 나무는 외부 공격에 맞서기 위해 각종 독극물의 집합체인 피톤치드를 내뿜습니다. 다행히 자연 상태에서 내뿜을 때는 우리 몸에 있는 미생물을 죽이는 정도라 삼림욕을 즐길 수 있지만, 이것을 농축하면 치명적인 독극물이 됩니다. 니코틴도 담배라는 식물이 자신을 보호하는 독성 물질입니다.

　같은 양일 경우, 인간이 만들어 낸 어떤 독도 자연 생명체가 살기 위해 내뿜는 독성에 미치지 못합니다. 강한 독성 때문에 우리나라에서 사용이 금지된 파라티온이라는 인공 합성 살충제에 비해 느타리버섯의 독은 16배, 복어 독은 360배, 뱀의 독은 1천8백 배, 아주까리 식물의 독은 3만 6천 배, 해파리 등 해양생물의 독은 7만 2천 배나 독성이 강합니다(쥐 치사량 기준). 보툴리눔톡신이라는 박테리아의 독은 독성이 1.2억 배나 강합니다. 따라서 식물

독의 명칭	치사량	독을 포함한 생명체
	(밀리그램/kg당 몸무게)	혹은 출처
보툴리눔톡신	< 0.00000003	보툴리눔톡신 균
테타누스	0.000001	파상풍 균
마이토톡신	0.00005	화초(식물)
리신	0.0001	아주까리(식물)
펠리톡신	0.0002	모래 말미잘 등 해양독소
타이폭신	0.002	뱀
테트로도톡신	0.01	복어
다이옥신	0.02	화학합성
아코니틴	0.12	투구꽃(식물)
무스카린	0.23	느타리버섯(식물)
사린(독가스)	0.4	화학합성
니코틴	0.5	담배(식물)
스트리크닌	0.96	마전(식물)
파라티온(E605)	3.6	합성살충제
청산가리	10	광물

독의 종류와 평균 치사량

추출액으로 만드는 천연 농약이 안전하고 무해하다는 주장은 틀린 말입니다. 천연 농약 때문에 죽어가는 해충은 사람이 만든 농약과 같거나 그보다 강한 독성 때문에 죽는 것입니다.

각종 식물에는 인간에게 유익하고, 약이 되는 영양 성분이 많습니다. 식물들이 인간을 위해 유익한 영양 성분을 만드는 것일까요? 오히려 반대라고 말할 수 있습니다. 자신을 지키기 위한 방편 중 하나라 보는 것이 타당합니다. 우리나라 음식에 필수적으로 들어가는 마늘은 황이 들어 있는 알라신이라는 물질 때문에 특유의 냄새가 납니다. 마늘을 그냥 두면 냄새가 나지 않다가 자르거나 다지면 냄새가 확 나지요. 외부 공격이 시작되면 즉시 효소작용으로 알라신을 합성하여 뿜어내는 것입니다. 알라신은 먹히지 않기 위한 마늘의 자기방어 무기입니다. 양파도 마찬가지입니다. 양파는 자신을 공격하면 알라신을 포함한 50여 가지의 물질을 뿜어냅니다. 양파를 썰 때 눈물, 콧물이 흐르는 이유가 이 때문입니다. 고추의 매운맛을 내는 캡사이신도 같은 역할을 합니다. 고추의 맵기를 스코빌 지수로 표시하는데 청양고추는 4천~7천 스코빌 정도입니다. 그에 반해 멕시코의 하바네로 고추는 30만 스코빌, 인도의 부트졸로키아 고추는 1백만 스코빌이나 된다고 하지요. 캡사이신이라는 물질로 방어하는 것입니다. 후추의 매운맛을 내는 피페린도 마찬가지입니다. 감자도 독성을 가지고 있습니다. 감자 150~300mg에는 체중이 50kg인 사람이 먹었을 때 죽을 수도 있는 강력한 독성 물질 솔라닌이 들어 있습니다. 하지만 익혀 먹으면 독이 사라지지요. 뜨거운 열이 독성 물질을 파괴하기 때문입니다. 보리나 밀도 마찬가지 이유로 익혀 먹습니다. 야생에서 나는 풀의 경우에도 적게 섭취할 경우 풀 속의 독은 약이 될 수 있지만, 많이 섭취하면 위험합니다.

　　식물의 이런 물질들은 항산화제나 방부제 역할을 합니다. 곰팡이와 미생물의 공격을 막는 유용한 방어 물질이지요. 항산화제나 방부제는 곰팡이나 미생물이 식물을 썩게 하는, 즉 먹기 좋게 분해하는 것을 막는 물질입니다. 식물 속 비타민C

식물	독소	독의 증상(다량)	약으로의 활용(소량)
복숭아, 살구, 아몬드, 수수, 카사바	시안배당체	구토, 복통, 오한, 설사, 호흡곤란	암세포 억제 등
파마자, 아주까리	리신	강력한 독성	피부병, 변비약
땅콩, 옥수수, 보리, 쌀	아플라톡신 (곰팡이 독소)	발암물질, 아플라톡신 중독증, 간 손상	보톡스
미치광이풀, 버섯	하오시아민 등 알칼로이드	착란증세, 맹독성	말라리아 치료제, 천식, 발작
옻	우루시올	알레르기, 가려움증, 피부염, 간 손상	위장병
감자	솔라닌	구토, 정신착란, 근육마비, 호흡곤란	
은행	빌로볼	구토, 설사, 발열	기침, 가래, 천식, 혈압
주목	탁신 알칼로이드	심장병 유발	항암제, 신장, 기침

식물 속의 독성 물질. 소량일 경우 약으로 사용된다.

아스코르브산이 대표적인 방부제입니다. 채소와 과일의
비타민C는 우리에게 좋은 영양분이지만 식물은 자신과 씨가 들어
있는 과일을 지키기 위해 비타민C를 방부제로 만드는 것입니다.
반면 과일은 동물에게 먹히기 위해 만드는 것이라고도 할 수
있습니다. 동물이 과일을 먹으면 과일 속 씨앗이 멀리 옮겨질

수 있고, 게다가 동물의 배설물을 비료삼아 잘 자랄 수 있으니 식물에게 유익한 일입니다. 식물은 과일로 동물을 유혹합니다. 그런데 미생물이 먼저 과일을 먹으면 썩게 되니 미생물을 막기 위해 비타민C와 같은 성분으로 과일을 보호하는 것입니다. 의식이 없어 보이는 식물들도 생존경쟁에서 살아남기 위해 치열하게 싸우며 살아가고 있는 것입니다.

동물의 경우는 어떨까요? 동물 역시 치열한 생존경쟁을 살고 있습니다. 미물인 세균들도 마찬가지입니다. 세균이 다 나쁜 균이 아닌 것은 알지요? 세균들이 식물과 동물의 사체를 분해해주지 않으면 지구는 금세 살 수 없는 곳이 될 것입니다. 미물들조차 잡아먹히지 않기 위해 각종 방어 물질(항생 물질)을 지니고 있습니다. 잘 알려진 항생제 페니실린은 곰팡이가 가지고 있는 스트레프토마이신 페니실린이라는 항생 물질입니다. 자연은 이처럼 결핍 속에서 고달픈 생존경쟁을 하는 생명체로 가득합니다. 모든 피조물은 치열한 생존경쟁 가운데 하나님의 나라가 오기를 간절히 소원하고 있습니다(롬 8:19-22). 아름다운 자연은 죄와 무관한 영역이라고 생각하고 싶지만 타락 이후의 자연을 정상적이라거나 선하다고 말할 수는 없습니다.

결핍된 자연을 위한 과학적 노력

불과 몇십 년 전까지만 해도 인류의 농업 생산량은 매우 낮았고 인류는 굶주리며 살아왔습니다. 그러다 1913년, 결핍된 땅에 영양을 공급할 수 있는 획기적인 방법이 발견되었습니다. 독일의

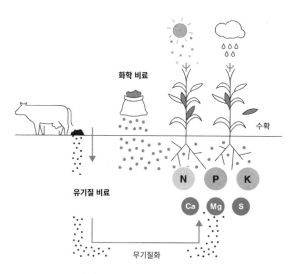

화학 비료

유기질 비료

무기질화

N P K

Ca Mg S

수확

영양이 결핍된 땅과 비료의 역할

하버(Fritz Jakob Haber, 1868–1934)가 공기 중 질소를 깨트리는 화학적 방법을 발견한 것입니다. 덕분에 질소가 풍부한 화학비료를 생산할 수 있게 되었습니다. 농업 생산량은 획기적으로 늘어났고 비로소 증가하는 인구가 굶주리지 않고 먹고살 수 있는 길이 열리게 된 것이죠. 하버는 인류에 기여한 공로로 노벨화학상을 받았습니다. 하버의 발견은 과학사(史)에서 가장 큰 성과 중 하나로 평가받고 있습니다. 비료에 들어 있는 질소 화합물 요소나 질산암모늄 성분은 식물에게 매우 귀한 영양분입니다. 생명 활동을 하는 단백질이나 DNA를 만드는 데 반드시 필요한 성분이니까요. 현재 지구의 육지 가운데 농업이 가능한 땅은 3% 정도라고 합니다. 3% 면적의 농사로 80억 명이 살아가고 있는 것이지요. 화학비료나 농약 없이는 과일은 80%, 곡물은

50%까지 소출이 감소할 것이라는 예측도 있습니다. 화학비료가 인류의 식품 문제를 해결하는 데 끼친 영향은 말할 수 없이 크지요. 그런데 이 비료를 과다하고 무분별하게 사용하다 보니 문제가 발생했습니다. 비료가 하천에 흘러 들어가면 수생식물이 급격하게 자라서 산소가 고갈되고, 물이 썩어 물고기가 살기 어려운 환경이 만들어집니다. 그래서 요즘은 비료가 땅에서 잘 유출되지 않게 하거나 동물의 배설물 등을 사용하기 좋게 처리한 천연비료도 많이 개발되고 있습니다.

세계 식품 시장의 규모가 1경 원(11조 달러, 2021년)을 넘어섰다고 합니다. 네슬러와 같은 글로벌 대기업들이 전 인류의 먹거리를 좌지우지하고 있습니다. 전 세계로 식품이 유통되고 가공식품도 넘쳐납니다. 이러한 식품들에는 첨가제가 많이 들어가지요. 첨가제 없는 자연 상태의 식품을 먹어야 한다는 주장과 첨가제가 들어가더라도 더 많은 사람이 안전하게 식품을 먹을 수 있어야 한다는 주장 사이에는 늘 긴장이 있습니다. 현재 국내에서 허가된 식품 첨가제는 610여 종에 이릅니다. 이 중 80% 이상은 자연에서 유래한 것입니다. 첨가제로 들어가는 방부제, 살균제, 보존제, 소독제, 항산화제(산화방지제)는 비슷한 기능을 하는 물질들이며 구분 기준이 모호합니다. 이들 역시 대부분 식물이 자신을 보호하기 위해 내는 방어 물질입니다. 소르빈산(장미과 식물 열매), 벤조산(동백나무), 비타민C(아스코르브산), 비타민E(토코페롤), 에르소르빈산(비타민C와 같은 분자식), 아질산나트륨(상추, 시금치, 양배추, 케일 등) 등이 대표적인 것들입니다. 첨가제를 천연 첨가제와 화학적 첨가제로 이분법적으로 구분하는 것 자체는 큰 의미가 없습니다. 인체에 더 무해한 첨가제를 찾는 노력이 지속적으로 필요할 것입니다.

결핍된 자연과 땅에 관련된 생명공학적 노력도 활발합니다. 이전에는 식물이나 동물의 품종을 개량할 때 방사선이나 화학 물질을 사용하여 돌연변이를 일으키거나 특별한 교배 방법을 사용했습니다. 이런 방법들은 우연에 기대야 했으므로 좋은 품종을 얻기까지 많은 시간이 걸렸고 수많은 시행착오를 거쳐야 했습니다. 우리나라 벼 품종 개발이 대표적인 예입니다. 그러나 인간이 DNA 구조를 이해하게 되고 또 DNA 일부를 자르고 붙이는 생명공학 기술을 확보하게 되면서 유전자 변형을 통한 품종 개량이 가능해졌습니다. 이렇게 만들어진 생명체를 GMO[Genetically Modified Organism, 유전자 재조합(혹은 변형) 생물체]라 부릅니다. 유전자 재조합 기술은 현재 생명공학 분야에서 다양하게 활용되고 있습니다. 유전자 재조합 기술을 식물에 적용하여 곰팡이 유전자 일부를 넣어 벌레 먹는 것을 방지한 면화, 사막식물의 유전자를 더하여 가뭄이나 해충에 잘 견디는 옥수수와 콩 등이 만들어졌습니다. 동물 실험도 이루어졌지만 아직 승인을 받지는 못하고 있습니다. 현재 GMO 식물들은 농업 생산성 향상, 노동력 감소, 농약과 물 사용의 감소 등의 장점 때문에 주요 농업 생산국 중심으로 광범위하게 재배되고 있습니다. 그러나 아직 확인되지 않은 인체 유해 가능성, 생태계 교란 가능성, 그리고 GMO 씨앗의 특정 대기업 독점 문제로 GMO는 여전히 논란 중입니다. 아직까지는 과학적으로 인체 유해성이나 생태계 교란에 대해 분명하게 밝혀진 것은 없습니다.

자연과 과학, 우리의 선택

자연과 과학, 영어로는 'Nature'와 'Science'입니다. 재미있게도 이 두 용어는 과학계에서 가장 유명한 두 잡지 이름입니다. 과학자라면 누구나 이 두 잡지에 자신의 연구 결과를 발표하고 싶어 합니다. 저도 2013년과 2020년 이 두 잡지에 논문을 싣고 얼마나 기뻤는지 모릅니다. 자연과 과학의 건강한 상관관계란 무엇일까요? 과학이 발달하기 전 인간은 자연을 두려워했습니다. 두려움에 기인하여 자연을 신적 존재로 높이기도 했지요. 그러나 과학이 발달한 지금, 세상은 자연을 무조건적으로 선하게 보거나 자연의 생존경쟁을 자연의 본 모습으로 인식합니다. 과학기술의 부작용도 영향을 미쳐서 자연적인 것을 더 선호하게 된 점도 있습니다. 이때 크리스천은 자연 속에 들어 있는 악한 점과 결핍을 살펴야 합니다. 사람들은 지나치게 청결함을 추구하기도 합니다. 그러나 그것이 오히려 재앙이 되는 일도 있지요. 식품에서 기생충이 한 마리라도 발견되면 상품 전체를 폐기하는 일이 벌어집니다. 구제역이나 AI에서 보듯이 전염병이 발생하면 동물 전체를 생매장합니다. 이러한 청결을 어떻게 봐야 할까요? 지나친 청결함을 추구하는 일에 비신앙적, 비윤리적 요소가 없는지 우리는 살펴야 합니다. 요즈음 인간과 생태계가 공존하자는 친환경 운동과 생태 운동이 유행입니다. 이 운동들은 우리에게 좋은 먹거리를 제공하고, 생태계 보전에 크게 기여하고 있습니다. 우리 크리스천이 크게 마음을 써야 할 일이라 생각합니다. 그러나 이 운동을 이론화하는 사람 중에는 기독교를 생태계 파괴의 주범으로 몰아가는 사람들이 있습니다. 그들은 기독교가 자연을 피조물로 격하하여 마음대로 이용해도 되는 명분을 제공했다거나, 내세를 강조하는 기독교는 이 땅에 무책임하게 행동한다고 비난합니다. 그러면서 자연을 다소 신격화하고 불교와 같은 범신론을 사상적 대안으로 내세웁니다. 인간이 자연에서 진화하였기에 생태계를 인간의 조상이자 형제로 소중히 대해야 한다는 것도 그들의 주장입니다. 우리는 그들의 비판을 겸손히 받아들이면서 우리를 돌아볼 필요가 있습니다. 동시에 이 운동들의 전제가 되는 세계관을 인식하고 성경적 관점으로 과학과 자연을 바라볼 수 있어야 합니다. 과학이 성경을 판단하게 해서는 안 되겠지요. 바라기는 우리 신앙에 토대를 둔 기독교 환경운동이나 생명 운동이 많이 일어나면 좋겠습니다.

건강한 먹거리
선택하기

현대인은 단순히 목숨을 유지하기 위한
먹기가 아니라 더 맛있게, 더 행복하고
건강하게 먹는 먹기를 중요시합니다.
우후죽순 쏟아지는 각종 '먹방'이 그
예일 것입니다. 맛있고 좋은 음식에
집착하는 시대, 우리에게 '먹는다는 것'은
무엇일까요?

중세시대에는 성(聖)과 속(俗)의 구별이 있었습니다. 영적인 일이 아닌 일상은 중요하지 않은 것으로 여겨졌지요. 이후 종교개혁을 이끈 루터는 '우리가 하는 모든 일이 다 하나님 주신 소명'이라고 가르쳤습니다. 비로소 일상이 신자에게 중요한 부분이 되기 시작했고 오늘날 우리도 가정, 직장, 사회에서 크리스천으로서 일상을 어떻게 살아가야 하는지 고민합니다. 일상은 의식주와 떼려야 뗄 수 없는 것들이고 그중에서도 먹는 것은 체감상 다른 것들보다 더 가깝게 느껴지지요. 크리스천의 먹는 행위는 어때야 할까요? 우리는 무엇을, 어떻게, 그리고 왜 먹어야 할까요?

내가 먹는 것이 바로 나다?

'내가 먹는 것이 곧 나다'(I am what I eat)라는 유명한 말이 있습니다. 이 말의 유래는 '내가 받아먹은 떡이 예수님의 몸으로 변한다'는 로마 가톨릭의 화체설이라는 말도 있고, 프랑스의 법률가이자 정치가인 앙텔름 브라야사바랭(Jean Anthelme Brillat-Savarin)이 1826년 《맛의 생리학》이라는 책에서 "당신이 무엇을 먹는지 말해 주면 당신이 어떤 사람인지 말해 주겠다"(Tell me what you eat and I will tell you what you are)고 말했다는 주장이 있습니다. 제가 잘 아는 철학자는 19세기 독일의 철학자 포이에르바흐(Ludwig Feuerbach, 1804–1872)가 처음 한 말이라고 했습니다. 포이에르바흐는 "인간이 먹는 것이 바로 인간이다"(Der Mensch ist, was er ißt. Man is what he eats)라고 말했다고 합니다.

포이에르바흐의 의도는 사람은 먹는 물질로 이루어진 '물질'이라는
유물론을 주장하려는 데 있었다고 합니다. 유래가 어떻든 20세기
이후에는 먹는 것과 우리 몸(혹은 건강)의 관계를 강조하며 먹는
것의 중요성을 얘기할 때 이 말을 사용합니다. 특히 유기농이나
친환경 운동의 슬로건으로 많이 사용되고 있지요. 이 말을 처음
했다는 포이에르바흐의 의도처럼 유물론은 오늘날 깊은 영향을
미치고 있습니다. 현대과학과 의학은 인간을 물질로 이루어진
몸으로 봅니다. 마음과 정신은 몸이라는 물질에 따라오는 것으로
설명하지요.

> 우리 시대 과학은 인간을 깎아내리는 데 여념이 없다. 다윈의
> 진화론 이후로 인류는 원숭이와 같은 부류로 여겨진다.
> 신경과 의사는 영혼의 병을 약물로 고친다. 의학의 차원에서
> 정신은 점점 더 신체와 똑같은 방식으로 다스려진다. 과학이
> 발전해 나아갈수록 인간은 점점 더 동물과 비슷해진다. 다른
> 한편에서는 인간을 그 무엇보다 소중하게 여기라고 목소리를
> 높인다. 도대체 '동물인 인간'이 특별한 존재인 까닭은
> 무엇인가? ……'인간이란 무엇인가'에 대한 탐구는 미궁에 빠져
> 있는 상태다.[10]

사상적 배경에 대한 이해 없이 "내가 먹는 것이 바로 나다"라는

---

10) 파스칼 피크 외,《인간이란 무엇인가》,
배영란 역(알마, 2009), 6.

말을 들으면 '무엇을 먹는가가 나의 존재를 결정하니 좋은 것을 먹자' 정도로 생각할 것입니다. 그러나 배경을 알고 나면 그렇지 않습니다. 인간에 대한 이해가 세상과 다른 크리스천은 한층 더 복합적인 측면에서 이 문제에 접근해야 합니다. 그럼 이제 현대과학이 밝힌 '나의 몸'과 '내가 먹는 것'에 대해 살펴보겠습니다.

나의 몸과 내가 먹는 것

우리 몸은 약 40조~100조 개의 세포로 이루어져 있다고 합니다. 뇌와 신경계 같은 몇 군데를 제외하고는 3~5개월마다 우리 몸의 세포들이 다 교체된다고 하지요. 지금 내 몸이 불과 몇 개월 전 내 몸이 아닌 것입니다. 이렇게 세포가 새롭게 교체되는 것은 우리가 먹는 음식물에 의해서입니다. 우리 몸은 원자 분포로 보면 산소 56~65%, 탄소 20~28%, 수소 9.5%, 질소 2%, 칼슘 1.5%, 염소 1%, 인 1%, 기타 1.1%(황, 철, 아연 등)로 되어 있습니다. 원자가 모여 이루는 분자 분포로 보면 물 65~70%, 단백질 15%, 지방 13%, 무기질 4%, 탄수화물 1%, 그리고 1% 이하의 핵산(DNA, RNA)으로 되어 있습니다. 이렇게 보면 인간은 물, 단백질, 지방이라는 분자로 이루어져 있다는 점에서 동물과 차이가 없어 보입니다. 심지어 산소, 탄소, 수소라는 원자로 이루어진 것을 보면 무생물과도 별 차이가 없어 보이지요. 우리 몸은 이 물질들의, 이 물질들에 의해, 또 이 물질들을 위해 물질대사, 자기 수복(修復), 복제를 통해 생명을 유지합니다. 수만 종의 '효소'라 불리는 단백질이 DNA 유전자 복제를 통해 합성되면서 화학반응을 일으키는 것입니다. 이 효소를 돕는 조효소로 비타민과 금속성분(미네랄)이 필요합니다. 화학반응을 위한 에너지는 탄수화물과 지방, 그리고 일부 단백질에서 얻을 수 있습니다. 그래서 탄수화물, 지방, 단백질을 3대 영양소라 부릅니다. 이 모두가 우리가 먹는 식물과 동물로부터 옵니다. 그 외 우리 몸에 가장 많은 비율을 차지하는 물은 체온과 몸을 유지하고, 양분과 노폐물을 이동시키고, 무기물을 필요한 농도로 유지시키는 역할을 합니다. 그래서 인간은 물 없이 3일을 견디기가 어렵다고 하지요. 칼슘이나 나트륨 등 각종 무기질도 우리 몸의 중요한 성분입니다. 우리 몸의 뼈를 이루고 생리 기능을 조절하며 효소를 활성화하는 중요한 기능을 하지요. 이 외에 DNA를 만드는 핵산도 있습니다.

현대과학은 우리가 먹는 음식의 성분 하나하나를 찾아내고 철저히 분석하고 있습니다. 과학은 세상에 존재하는 화학성분(분자)을 3천만 가지나 찾아냈고, 계속해서 찾고 있습니다. 예를 들어 커피 하면 카페인이 딱 떠오르지만 커피는 카페인 말고도 아세트알데히드, 아세트산(식초), 아세톤, 아세틸 메틸 카르비놀, 아세틸 프로피오닐, 암모니아, 크레졸, 디아세틸, 디에틸 케톤 등 100~700여 종류의 화학 물질(분자)로 이루어져 있습니다. 커피에는 인체에 유익한 성분도 있지만 유해한 성분도 들어 있습니다. 수백 종의 화학 물질로 이루어져 있기 때문에 그중에 좋은 성분을 강조하면 좋은 음료가 되고 나쁜 성분을 강조하면 유해 식품이 됩니다. 커피 예찬론자들은 커피 속의 항산화제 폴리페놀 성분들을 부각시켜 커피를 마실 것을 권하지요. 하지만 최근 커피 속에 미량으로 들어 있는 아크릴아마이드가 부각되며 커피가 발암 물질이라는 뉴스가 나오기도 했습니다. 와인 속의 에탄올은 발암 물질로 규정되었지만 그 속의 항산화제는 좋은 성분으로 알려졌지요.

다양한 식품, 다양한 선택

"하나님이 이르시되 내가 온 지면의 씨 맺는 모든 채소와 씨 가진 열매 맺는 모든 나무를 너희에게 주노니 너희의 먹을거리가 되리라"(창1:29). 하나님은 세상을 창조하시고 식물을 우리의 먹거리로 주셨습니다. 이를 과학의 관점으로 보면 식물이라는 생명을 죽이는 것에서 출발합니다. 식물도 동물과 똑같이 DNA에 의한 생명 활동을 한다는 점을 고려하면 식물을 먹는다는 것은 곧 식물을 죽이는 일입니다. 앞에서 살펴본 파브르는 '식물과 동물은 형제다'라는 시각으로 《식물 이야기》를 시작합니다. 식물은 동물처럼 눈, 코, 입 같은 신체 기관은 없지만 생명 활동을 활발히 하는 생명체지요. 엄밀히 따지면 채식 역시 생명을 파괴한다는 점에 있어서 육식과 별 차이가 없는 것 같습니다. 크리스천의 먹는 근거는 하나님께서 주신 것을 순종하며 먹는 것이 되어야 할 것입니다. 창조 때 주께서 우리에게 먹거리로 주신 식물의 희생은 아름답고 고귀한 것으로 여겨지지 않았을까요? 이런 태도는 타락 이후 먹을 것으로 주신 동물에게도 적용되어야 한다고 봅니다. 노아의 대홍수 이후 하나님은 인간에게 긍휼을 베풀어 식물뿐 아니라 동물도 먹을 것으로 주셨습니다. "모든 산 동물은 너희의 먹을 것이 될지라 채소 같이 내가 이것을 다 너희에게 주노라"
(창 9:3). 동물 역시 하나님이 먹을 것으로 주셨습니다. 우리는
오늘도 동식물을 먹으며 살아갑니다. 다양한 식품과 다양한
선택이 우리에게 주어진 것입니다.

'내가 먹는 것이 바로 나다'라는 유물론적 관점은 정말 맞는
말일까요? 질문을 바꾸어, 먹는 것으로 이루어진 나의 몸이 정말
나의 전부일까요? 그렇지는 않을 것입니다. 다소 과학의 내용을
넘어서지만 우리는 인간을 몸이라는 물질로만 바라볼 수 없습니다.
인간은 하나님의 형상으로 창조된 몸과 영혼을 가진 존재입니다.
이것을 전제할 때 "하나님의 나라는 먹는 것과 마시는 것이 아니요
오직 성령 안에서 의와 평강과 희락이라"(롬 14:17)는 말씀을 바르게
이해할 수 있을 것입니다. 이런 이해가 있어야 우리가 내 몸과 먹는
것에 대한 지나친 관심에서 한발 물러서서 우리 시대 먹는 문화를
바라볼 수 있을 것입니다.

과학이 먹거리 성분을 밝히면 밝힐수록 사람들은 몸을 이루는
먹거리에 더 관심을 기울입니다. 먹거리 뉴스와 방송이 많은
이유입니다. 우리도 이런 흐름에 귀와 눈을 막고 살기는 어려워
보입니다. 좀 더 좋은 음식을 찾는 것 자체는 자연스러운 일이기도
하지요. 다만 먹거리 뉴스나 방송을 볼 때 인간의 타락으로
비참해진 창조 세계를 생각하는 지혜가 필요합니다. 우리의
생명이 우리가 무엇을 먹는가에 달린 것이 아니라 하나님께 달려
있음을 생각하면, 무엇을 먹을 것인가에 대해 지나치게 마음과
시간을 뺏기지 않고 자유를 누릴 수 있겠지요. 이런 시대에 무엇을
먹고, 어떻게 먹고, 왜 먹어야 하는지에 대해서도 크리스천은 믿지

않는 사람과 구별되는 관점을 가져야 합니다. 하나님의 말씀에 근거한 건전한 기독교 음식 문화를 만들어 가면 좋겠습니다.

환경오염과 자연재해의
상관관계

전 세계적으로 기후 위기가 심각합니다.
하나님이 만드신 세상이 환경오염으로
인한 자연재해로 신음하고 있습니다.
이 문제 앞에서 우리는 어떤 태도를 가져야
할까요? 환경오염의 주범인 플라스틱과
심각한 자연재해, 물 문제를 살펴봅시다.

태평양 한가운데 생긴 한반도 크기의 플라스틱 쓰레기 섬

플라스틱에 관한 뉴스를 보신 적 있으실 겁니다. 태평양 한가운데 자리한 한반도 크기만 한 플라스틱 쓰레기 섬이나 플라스틱 가득한 해수욕장 사진들은 우리에게 충격을 줍니다. 죽은 물고기와 동물 사체 속에서 플라스틱 쓰레기가 발견된다는 뉴스가 보도되고, 우리가 먹는 음식에도 미세 플라스틱이 있다고 합니다. 플라스틱은 인류가 발명한 기적의 소재라고 극찬을 받던 물질입니다. 그러나 지금은 지구를 해치는 애물단지 신세가 되었습니다. 일부 환경 단체는 플라스틱 사용을 일절 금지해야 한다고 주장합니다. 이해가 되는 주장이기도 하지만 과연 그것이 타당한 주장인가 되묻게 됩니다.

플라스틱으로 인한 환경오염

우리나라 수출 1위 품목은 반도체입니다. 반도체를 뒤이어 수출
비중이 높은 품목은 원유를 정제한 석유제품과 이를 화학적으로
가공한 석유화학제품입니다. 이러한 산업구조 때문에 우리나라는
세계에서 다섯 번째로 원유를 많이 수입하는 나라입니다.
수입한 원유를 정제하고 가공하여 되팔기도 하고, 그것으로
석유화학제품을 만들어 수출하기도 합니다. 팬데믹으로 인한
경기 침체에도 불구하고 석유화학제품의 수출은 큰 폭으로 늘고
있다고 합니다. 석유화학산업이 우리 경제에 크게 기여하고
있음은 분명한 사실입니다. 이 석유화학산업이 만들어내는 제품이
무엇인지 아시나요? 바로 플라스틱과 합성수지 제품입니다.
플라스틱은 우리가 누리는 부의 주요한 원천 중 하나입니다.

플라스틱은 '원하는 모양으로 만든'이라는 뜻의 그리스어
'플라스티코스'에서 유래했습니다. 말 그대로 열이나 압력을
가해 원하는 모양을 마음대로 만들 수 있는 화학 물질입니다.
대부분 플라스틱은 가벼운 탄소와 수소 원자로 이루어져 있기
때문에 가볍습니다. 이 원자들은 길고 단단하게 고분자를 이루며
연결되어 있기 때문에 물이 새지 않고, 잘 깨지거나 끊어지지도
않습니다. 분자가 단단히 연결되어 있기 때문에 미생물이
분해하기도 어렵지요. 즉 잘 썩지 않습니다. 원하는 모양을 만들
수 있는 데다 가볍고, 새지 않고, 깨지거나 끊어지지도 않으며, 잘
썩지도 않고, 가격도 저렴하니 정말 기적의 소재에 가깝습니다.
플라스틱은 2차 세계대전 이후 본격적으로 생산되기 시작해서

지금으로써는 플라스틱 없는 현대 문명을 생각할 수 없을 만큼 우리 생활 깊숙이 들어왔습니다. 플라스틱은 인류가 오랫동안 사용해 오던 금속, 유리, 도자기, 나무, 천연고무, 동물의 가죽 등을 대부분 대체해버렸습니다.

그런데 인류가 플라스틱을 사용한 지 70여 년도 안 된 지금 심각한 문제가 발생하고 있습니다. 플라스틱의 장점이 단점이 되어 인류를 위협하고 있습니다. 플라스틱이 썩지 않는 쓰레기가 되어 생태계를 오염시키기 시작한 것입니다. 인류는 지난 70여 년간 약 90억 톤의 플라스틱을 생산했고, 그중 약 60억 톤을 폐기했습니다. 그리고 폐기된 60억 톤 중 50억 톤이 매립되거나 버려졌습니다. 지금 속도대로라면 2050년 폐플라스틱은 두 배 이상 증가할 것으로 예상됩니다. 버려진 플라스틱이 썩지 않거나 미세 플라스틱으로 남는 것입니다. 장점이 무궁무진한 플라스틱을 대체할 물질이 없다는 것은 플라스틱으로 인한 환경오염만큼이나 심각한 문제입니다. 가전제품, 가정용품, 포장재, 장난감, 의료용품, 필름, 스포츠용품, 옷, 인공장기 등 플라스틱은 다양한 곳에 사용되고 있습니다. 플라스틱 사용을 멈추고, 다시 목재, 유리, 도자기, 금속, 천연고무, 심지어 동물을 사용한다면 어떻게 될까요? 플라스틱 쓰레기가 초래하는 문제 이상으로 대규모 자연 훼손과 생태계 파괴가 일어날 것입니다. 플라스틱이 개발되기 전, 인간은 새지 않고 썩지 않는 재료를 거북 등껍질에서 얻기 위해 엄청난 수의 거북을 죽였습니다. 상아로 각종 장식품을 만들기 위해 매년 코끼리를 수만 마리씩 사냥해서 거의 멸종시키기도 했고요. 플라스틱 사용을 중지할 경우 이런 전례가 반복되지 않는다는 보장은 없습니다. 이런 양상을 생각할 때 플라스틱이 자연을 어느 정도 지켜주었다는 사실을 인정하지 않을 수 없습니다. 지금으로써는 플라스틱을 대신할 별다른 대안이 없다는 것을 인정해야 합니다.

대체 플라스틱은 여전히 개발 중

최근 썩는 플라스틱을 개발하여 사용하자는 과학기술적 해결책이 나오고 있습니다. 바이오 플라스틱이나 생분해성(bio-degradable) 플라스틱으로 불리는 제품들이 그 예입니다. 개발 중인 기술들은 다양합니다. 그중 하나가 석유 같은 화석 원료가 아닌 옥수수나 사탕수수 같은 식물성 원료로 플라스틱을 만드는 것입니다. 플라스틱과 같은 구조를 가진 물질이기에 여전히 분해가 잘되지 않는다는 한계가 있지만, 썩어질 식물이 원료이기 때문에 소각할 때 온실가스가 더 배출되지 않는다는 장점이 있습니다. 기존 플라스틱에 잘 분해되는 식물성 원료를 일부 첨가하여 만드는 제품도 있습니다. 식물성 원료를 이용하여 잘 분해되도록 만들면 플라스틱의 성질을 상실하기 때문입니다. 그러나 이런 경우 여전히 플라스틱은 분해되지 않고 미세 플라스틱으로 조각이 나서 오히려 환경오염을 일으킬 위험 요소를 갖습니다. 화석 원료를 사용하여 다소 약하게 결합한 생분해성 플라스틱 제품이 있지만 아직 자연에서 완전히 분해되지는 않습니다. 이런 제품들은 온도가 높거나 습도가 높은 특수한 환경에서 분해되도록 만들어졌습니다. 토양이나 해양에서 완전하게 분해되기 위해서는 물질이 더 약하게 결합되도록 하거나 다른 이물질을 넣어야 하는데 그렇게 하면 강도가 약해져서 여러 한계를 갖습니다. 그래서 썩는 플라스틱에 대한 소비자 만족도는 아직 높은 편이 아닙니다. 더구나 이렇게 만들어진 플라스틱은 비싸다는 단점도 있고요.

썩는 플라스틱 개발에서 가장 어려운 점은 오래 보존되어야 한다는 것과 썩어야 한다는 양쪽 요구 사이에서 균형을 잡는 일입니다. 그런데 그 기준을 잡는 것이 보통 어려운 일이 아닙니다. 나노기술, 바이오 기술 등 고난도의 기술력을 요구합니다. 때문에 가격이 비싸지는 것을 감안해야만 하는데, 이러한 어려운 이유로 썩는 플라스틱 개발은 정부와 기업의 환경적 의무와 대중의 높은 관심에 비해 친환경 기업 이미지 제고 차원에 머물고 있는 형편입니다. 따라서 썩는 플라스틱 같은 친환경 제품 개발에 지지와 격려를 보내는 것이 필요합니다. 여기에는 플라스틱이 썩기 위해서는 품질이 기존 플라스틱에 다소 미치지 못하는 것과 비싼 가격을 감안하는 일이 포함될 것입니다. 여전히 플라스틱 사용 자체를 금지할 것을 주장을 하는 극단적 환경주의자들이 있습니다. 그러나 앞에서 언급한 것처럼 좋은 효과보다 나쁜 효과가 더 많이 예상되는 지금으로써는 아직 뚜렷한 대안이 없다는 것을 인정하고 지나친 환경주의 시각으로 접근하는 것을 경계할 필요가 있어 보입니다.

물로 인한 자연재해

3월 22일은 유엔이 정한 '세계 물의 날'입니다. 물은 공기와 함께 모든 생명체가 살아가는 데 없어서는 안 될 소중한 존재입니다. 하지만 물은 쉽게 낭비되고 재사용, 재음용 없이 쉽게 버려지고 있습니다. 폐수 처리가 비교적 잘 이뤄지고 있는 우리나라조차 수돗물 대신 정수기 물이나 생수를 음용하는 것이 일반적 추세입니다. 2021년 우리나라에서 버려진 생수 페트병 개수를 500mL 생수병으로 환산하면 100억 개가 넘는다고 합니다. 1인당 1년에 200개 이상 생수병을 버린다는 이야기입니다. 한 번 사용된 생수병은 식품 안전을 이유로 법에서 재사용할 수 없게 명시해 놓았기 때문에 버려지는 즉시 쓰레기가 됩니다.

우주 탐사선들이 찾고자 하는 것이 바로 물입니다. 물만 있으면 물을 분해하여 공기도 만들 수 있기 때문입니다. 우리가 사는 지구에는 물이 아주 풍부하지요. 하지만 인간과 동식물이 사용할 수 있는 물만 놓고 보면 꼭 그렇다고 말하기 어렵습니다. 지구 지표면의 3분의 2를 채운 물 중 97.5%는 먹을 수 없는 바닷물이기 때문입니다. 게다가 나머지 2.5% 중에서도 3분의 2 이상은 빙하, 만년설, 영구 동토층에 있어 사용할 수 없습니다. 나머지 3분의 1 중 대부분은 지하수입니다. 즉 지구에 있는 물 중 0.01~0.02% 정도만이 우리가 쉽게 사용할 수 있는 강, 호수, 습지, 저수지의 물입니다. 인간은 이 물의 70%를 농업용수로, 20%를 산업용수로, 그리고 나머지 10%를 가정용으로 사용하면서 살아가고 있습니다. 실제 사용할 수 있는 물이 생각보다 많지 않고, 그조차도 지역적으로 심한 편차를 가지고 분포해 있기 때문에 지구 곳곳에 물이 초래하는 문제가 심각합니다. 물 한 통을 구하기 위해 수 킬로미터를 걸어야 하는 곳이 여전히 많습니다.

2019년 학생들과 우물을 파는 봉사활동을 했던 아프리카 탄자니아 마을들도 그중 하나였습니다. 물이 초래하는 문제는 물 부족에 그치지 않습니다. 유엔 보고에 의하면 지구상 자연재해의 90% 이상이 물과 관련되며, 도시화, 산업화로 인한 기후변화로 자연재해가 더욱 가속화되고, 악화될 것이라고 합니다.

세계보건기구(WHO)는 하루에 한 사람이 씻고 요리하고 마시는 데 필요한 물의 양이 약 20~50L라고 발표했습니다. 2020년 우리나라 1인당 하루 사용 수돗물은 295L이며, 영업용을 빼고 순수한 가정용만 따지면 하루에 189L를 사용한다고 합니다. 이 양은 미국(378L)을 제외한 다른 선진국들과 비슷하거나 대체로 더 많은 양입니다(독일 150L 등). 우리나라 사람들은 WHO가 정한 양의 최소 4배에서 10배 정도 물을 더 많이 사용하고 있는 셈입니다. 수돗물이 저렴한 이유도 있겠지만, 쾌적하고 위생적이고 풍요로운 현대인의 삶을 누리기 위해서는 그만큼 물이 많이 필요하다는 것이겠지요.

물은 참 신기한 물질입니다. 물의 분자식은 H_2O입니다. 수소(H) 원자 2개와 산소(O) 원자 1개로 이루어져 있습니다. 우리가 마시는 물 한 모금 속에 우주의 별의 숫자(1천억 × 1천억 개)보다 10배 이상 많은 물 분자가 들어 있다니 물 분자 1개의 크기가 얼마나 작은지 감이 오시나요? 큰 사막의 모래 알갱이만큼 많다는 계산도 있습니다. 근대과학 초기부터 물은 중요한 물질이었습니다. 18세기 들어 실험 과학이 유행하게 되는데, 수소를 발견한 영국의 캐번디시(Henry Cavendish, 1731–1810)는 수소가 폭발하면 물이 만들어진다는 것을 알아냈습니다.

이어서 프리스틀리 목사(Joseph Priestley, 1733-1803)는 산소 기체를 발견하고, 산소와 수소의 혼합기체에 불꽃을 대면 물이 만들어진다는 것을 알아냈습니다. 그리고 프랑스의 라부아지에(Antoine Lavoisier, 1743-1794)는 물을 분해하여 수소와 산소 기체가 2대1의 비율로 생기는 것을 발견합니다. 이 발견들이 계기가 되어 1808년 돌턴은 물질이 원자로 이루어졌다는 원자 가설을 제안하고, 1811년 아보가드로(Amedeo Avogadro, 1776-1856)는 물질의 성질을 띠는 가장 작은 입자는 원자가 아니라 원자들이 모여 만든 분자라는 분자 이론을 주장하며 오늘날 화학의 토대가 놓였습니다. 과학사에서는 이 과정을 화학 혁명이라 부르기도 합니다. 물은 각 이론의 중요한 과학적 근거가 되었습니다. 지금도 물은 과학에서 가장 중요한 물질 중 하나입니다.

물은 얼음, 물, 수증기라는 다양한 형태를 가지고 있습니다. 얼음, 물, 수증기는 산업현장이나 가정에서 다양하게 이용되고 있습니다. 물은 이 세상의 물질 중 유일하게 액체 상태일 때보다 고체 상태가 더 가볍습니다. 즉 얼음이 물보다 가볍습니다. 때문에 가벼운 얼음이 물 위에 떠 있고, 얼음 아래 물속에서 해양생물들이 안심하고 살아갈 수 있는 것입니다.

물은 공기처럼 지구상에서 가장 풍부하고 흔하게 볼 수 있는 물질입니다. 그러다 보니 사람들은 물이 마치 공짜인 것처럼 남용하였습니다. 그 결과가 우리에게 어떤 식으로 되돌아올지는 아직 모릅니다. 물 부족, 생태계 파괴, 각종 기상이변, 해수면 상승에 의한 침수 등이 일어나고 있지만, 아직은 시작에 불과하다는 연구 결과가 많습니다. 물은 하나님이 주신 풍부한 창조물입니다. 각종 재해는 물 역시 우리가 잘 돌보아야 하는 창조물이라는 것을 방증하고 있는 것인지도 모릅니다.

환경오염과 자연재해 앞에서의 우리의 태도

플라스틱의 등장으로 그동안 인류가 사용해 오던 목재, 유리, 도자기, 금속, 천연고무, 그리고 동물의 사용이 급격히 줄어들었습니다. 앞서 말한 것처럼 플라스틱 사용으로 자연이 보호된 측면을 인정해야 합니다. 우리나라의 경우 플라스틱이 국가 부의 중요한 원천 중 하나라는 것도 말씀드렸지요? 우리 신자들도 플라스틱으로 이룩한 부의 혜택을 누리고 있습니다. 이러한 것을 복합적으로 고려할 때 플라스틱 사용 중지가 당장의 대안이 될 수는 없습니다. 극단적 환경운동이 우리가 해야 할 일이라고 말하기는 어렵겠습니다. 균형 있게 사람과 삶을 잘 살피는 것이 이웃 사랑이면서 동시에 피조 세계를 다스리는 청지기의 의무입니다. 썩는 플라스틱 같은 적절한 대안을 지지하는 것도 중요합니다. 이런 연구개발에 신자들이 참여할 수 있으면 더 좋겠습니다. 하나님이 주신 과학기술을 선용하는 것은 신자의 소명을 드러내는 아름다운 일입니다.

물은 생명체에 매우 중요한 물질이지만, 풍부하다는 이유로 가장 낭비되고 있는 물질 중 하나입니다. 낭비와 남용의 대가를 온 인류가 겪고 있습니다. 특히 물로 인한 자연재해는 가난한 나라들에 상당한 피해를 안겨줍니다. 우리가 물 문제에 더 마음

써야 하는 이유입니다. 하나님은 자연재해를 그냥 지켜보고
계시지 않습니다. 우리가 하나님을 찾길 바라십니다. 또한
하나님은 신자들이 어려움 가운데 서로를 도우며 하나님의 사랑을
실천하기를 원하십니다.

이상기후에
대응하는
청지기의 자세

각종 자연재해가 그치지 않고 있습니다.
지구 온난화에 의한 기상이변 말고는
최근 일어나는 자연재해를 설명할 길이
없다고 합니다. 이상기후의 반복은 점점 더
심해지고 있습니다. 이런 지구에서 인류는
살아남을 수 있을까요? 이런 식으로
지구의 종말이 오는 것은 아닐까요?

지구 온난화로 인한 우리나라 생태계 변화는 심각합니다. 바다의 경우 한류성 어류가 급감하고 난류성 어종이 증가했습니다. 농작물, 식생과 곤충, 그리고 전염성 질환 종류도 변하고 있습니다. 기상청은 매년 여름 유례없는 극심한 더위가 올 것이라고 예보합니다. 폭염 일수는 매년 신기록을 달성하고 있습니다. 우리나라만이 아닙니다. 세계 곳곳에서 이상기후와 자연재해는 일상이 되었습니다. 과학자들은 대체로 이상기후의 원인을 인간 활동으로 가속화된 지구 온난화로 보고 있습니다. 이상기후가 계속되면 시베리아 동토가 녹아 그 속에 있는 미생물과 바이러스들이 깨어나게 되고, 그 결과 코로나바이러스 사태와는 비교도 안 되는 큰 재앙이 닥칠지 모른다는 이야기도 심심찮게 들려옵니다.

온실가스, 이상기후의 원인?

지구의 모든 에너지는 태양으로부터 옵니다. 태양에너지는 대기, 땅, 바다, 그리고 생명체에 흡수되어 모든 창조물의 에너지원으로 이용됩니다. 또한 모든 생명체는 식물과 식물성 플랑크톤이 태양에너지로 광합성을 한 화합물을 먹고 살아갑니다. 대기, 땅, 바다는 흡수한 태양에너지를 끊임없이 지구 전체에 골고루 재분배하는데, 그 과정에서 기상 현상이 발생합니다. 지역마다 흡수하는 태양에너지의 양이 달라서 발생하는 차이 때문에 대기가 이동하고, 바람이 불고, 해류가 이동하고, 물이 증발하여 비가 오는

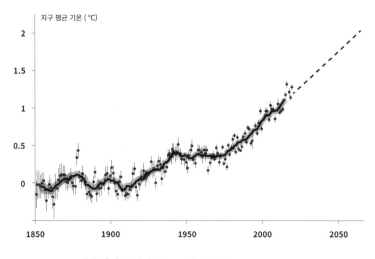

지구 평균 기온 (°C)

기후변화를 보여주는 그래프(출처: Berkeley Earth)

것입니다.

지구를 위한 에너지로 사용된 태양에너지는 반사나 방출에
의해 다시 지구 밖으로 내보내집니다. 지구는 이렇게 항상
일정한 에너지를 유지하게 되어 있습니다. 그런데 어떤 원인으로
태양에너지를 지구 밖으로 다 내보내지 못하면 지구의 총 에너지가
증가하게 되지요. 그 결과 나타나는 현상 중 하나가 온난화입니다.
온난화 현상은 20세기 후반부터 두드러지기 시작했습니다.
현재 온난화의 주범으로는 화석 연료를 태울 때 나오는
이산화탄소(CO_2)와 가축 등이 내뿜는 메탄(CH_4)이 지목되고
있습니다. 이 기체들은 태양 에너지, 특히 그중에서도 적외선(열)을
잘 흡수하여 보존하는 특성이 있습니다. 즉 지구 밖으로
내보내야 하는 에너지를 열로 품고 대기 온도를 올리는 것입니다.

온실(Green house)처럼 열을 내보내지 않는다고 해서 온실가스라 부르고, 그 효과를 온실 효과(Green house effect)라 부릅니다.

우리가 사는 지구의 대기는 질소 78%와 산소 21%, 그리고 아르곤 등 기타 기체 0.9%로 구성되어 있습니다. 이 99.9%의 기체들은 기후변화에 큰 영향을 주지 않습니다. 대기 중 극미량으로 존재하는 수증기(H_2O), 이산화탄소(CO_2), 메탄(CH_4) 등이 온실 효과를 유발하여 기후변화를 가져옵니다. 이산화탄소는 100만 개의 공기 분자 중 300~400개 정도의 미량으로 존재합니다. 측정단위로 말하면 300~400ppm입니다. 그 양이 매우 적기 때문에 인간 활동에서 나오는 미량으로도 농도 변화가 쉽게 일어날 수 있습니다. 이산화탄소의 정확한 농도는 1957~1958년부터 측정되기 시작해서 측정 역사가 그리 길지는 않습니다. 그래서 그 이전의 이산화탄소의 양은 빙하 속 이산화탄소 농도를 측정하거나 이론적으로 추정합니다. 그 결과 산업혁명 직전의 18세기 말 대기 중 이산화탄소 농도는 280ppm 정도로 추정됩니다. 2010년 390ppm, 2015년 400ppm, 2022년 현재 420ppm이니 매년 2ppm 혹은 그 이상씩 증가하고 있는 셈입니다. 현재 대기 중 이산화탄소 양은 산업혁명 직전에 비해 약 50% 증가했습니다. 2019년 전 세계가 생산 판매한 자동차의 대수는 약 1억 대에 이릅니다. 화석 연료를 사용하는 발전소와 공장은 얼마나 많은지 그 수를 다 셀 수 없을 정도입니다. 그래서 화석 연료 사용이 이산화탄소 증가 원인의 대표 주범이라고 말하는 것입니다.

이상기후 문제를 어떻게 볼 것인가

현재 지구의 연평균 기온은 대략 섭씨 13.9도입니다. 이 값은 산업혁명 직전보다 1도 이상 증가한 온도인데 앞으로 몇 년 안에 1.5도 상승할 가능성이 높다고 합니다. 2015년 제21차 유엔기후변화협약 당사국총회 이후 채택한 파리협약(파리기후협약)에서 연평균 기온 2도 상승을 마지노선으로 정하고, 21세기 말까지 기온 상승을 1.5~2도로 제한하는 것을 목표로 각국은 온실가스 배출 감축 목표에 합의했습니다. 지구 온난화의 주범이 과도한 화석 연료 사용에 있다는 점에 전 세계가 동의한 셈입니다.

미국은 오바마 대통령 시절에 미국의 온실가스 배출을 2005년 기준으로 2030년까지 26~28% 줄이는 내용을 골자로 한 파리협약에 서명했습니다. 협약에는 미국을 위시한 선진국을 비롯해 중국으로 대표되는 개발도상국까지 참여하였으므로 전 세계가 기후변화 대응에 동참했다는 면에서 의미가 컸습니다. 2020년 통계를 보면 중국과 미국이 각각 전 세계 이산화탄소 배출의 32%와 13%로 1, 2위를 차지하고 있습니다. 우리나라도 결코 적다고 볼 수 없는 1.7%를 배출합니다. 2019년 11월, 미국 트럼프 대통령은 파리협약에 대한 일방적인 탈퇴를 통보했으나 다행히 2021년 바이든 대통령은 당선되자마자 행정명령 1호를 발효하여 이 협약에 복귀하였고, 2022년 8월에는 인플레이션 감축법(Inflation Reduction Act) 승인을 통해 2030년까지 온실가스를 40% 줄여 2005년 수준으로 되돌리는 정책을 채택했습니다.

온실가스 규제에 대한 전 세계적인 노력과는 별개로 온실가스가 정말로 지구 온난화의 주범인지 의문을 제기하는 반론도 있습니다. 그들은 지구 온난화는 온실가스 때문이 아니라 태양과의 거리 변화 같은 자연적 요인 때문이라고 주장합니다. 지구의 타원 공전 궤도가 10만 년을 주기로 변화하고 있고, 지구 자전축이 2만 6천 년을 주기로 회전하고 있고, 태양에 23.5도 비스듬히 기울어진 지구 자전축이 4만 1천 년을 주기로 22.1도에서 24.5도로 변하고 있는 것이 원인이라는 것입니다. 즉 이런 천문학적 현상에 의해 지구와 태양의 거리가 약간씩 변하며 지구에 공급되는 태양에너지가 증가하므로 기온이 상승하는 것이지 온실가스가 주원인이 아니라는 주장이지요. 온실가스가 지구 온난화의 주범이 아니라고 보는 또 다른 반론은 우리가 살고 있는 지금은 1만 년 전 빙하기가 끝나고 시작된 간빙기이기 때문에 빙하가 녹으며 온도가 상승하고 있을 뿐 과도한 화석연료 사용 때문이 아니라고 보는 것입니다. 2만 년 전 빙하기에는 지금보다 평균 기온이 5도 정도 낮아서 남극의 2배 규모의 빙하가 북아메리카, 북유럽, 시베리아에 쌓여 있었는데, 그 빙하가 지금 간빙기의 온도 상승으로 계속 녹고 있다는 것입니다. 이런 이유들로 온난화를 자연 현상으로 주장하는 이들이 있습니다. 이 주장은 현재의 기후 문제가 과장되었으므로, 인류가 경제적 타격을 감수하면서까지 지구 온난화 대응에 나설 필요는 없다는 데까지 나아갑니다. 지난번 기후 위기에 대한 트럼프 대통령의 입장이 이와 같은 반론에서 기인한 것인지는 알 수 없지만, 그의 입장은 경제적 타격을 희생하면서까지 파리협약을 이행하지는 않겠다는 의지의 표명처럼 보였습니다. 국제적으로 너 나 할 것 없이 트럼프 대통령을 비판했습니다만 국제사회가 경제적 타격을 감수하면서까지 화석 연료 사용을 감축할지는 더 지켜볼 일입니다. 우리나라도 감축하겠다는 말과 정책은 많지만 아직 감축이 이루어지지는 않고 있지요.

온실가스로 인한 온난화를 기후 위기의 원인으로 살펴보았지만 이것만으로 기후 위기의 모든 것을 설명하기는 어렵습니다. 지구는 우리가 생각하는 것보다 훨씬 더 거대하고 복잡하기 때문입니다. 과학으로 기온 상승 같은 관측 결과는 알 수 있지만 정확한 원인까지 규명하기는 쉽지 않습니다. 명백해 보이는 한 가지 원인으로 인과관계를 간단명료하게 설명하고 싶은 유혹이 들 때, 무한한 지혜의 하나님께서 창조하신 창조 세계의 복합적 특성들을 기억할 필요가 있습니다. 그런 점에서 위에서 언급한 온실가스가 지구 온난화의 주범이라는 의견에 대한 반론들 역시 무시해선 안 되겠지요. 과학계에서도 온실가스가 정말 지구 온난화의 주범인지 규명하기 위한 연구가 진행 중이고, 한발 더 나아가 기후변화가 정말 과학적 사실인지도 묻고 있습니다.

기후변화의 사례, 꿀벌이 사라지고 있다

해마다 봄이면 여기저기 꽃들이 지천으로 피어납니다. 온 세상을 뒤덮는 아름다운 꽃은 자신의 후손을 남기는 중요한 임무를 수행하는 중입니다. 움직일 수 없는 식물은 꿀벌이나

나비를 통해 수정을 합니다. 그런데 꿀벌이 사라지고 있다는
뉴스가 들려옵니다. 60억~75억 마리의 벌이 벌집에 돌아오지
않고 실종되었다고 합니다. 이는 전 세계적으로 발생하고 있는
현상입니다. 국내 분석으로는 벌꿀에 기생하는 작은 진드기
'꿀벌응애'의 발생, 말벌 공격에 의한 폐사, 그리고 기후변화 등의
복합적 원인을 이유로 들고 있습니다. 여기에 더해 해외 연구는
자연 파괴, 살충제, 바이러스, 전자파, 대기오염의 가능성을
제기하고 있습니다. 이상기후나 기후변화로 인해 꽃의 개화
시기와 꿀벌의 활동 시기가 어긋나서 공생 관계가 깨지고 있다는
것입니다. 휴대폰과 같은 무선 장비의 전자파가 꿀벌의 방향 탐지
시스템에 영향을 주어 귀소 본능을 떨어뜨리고, 집을 찾아오지
못하게 한다는 연구 결과도 있습니다. 바이러스가 꿀벌의 단백질
생성을 방해하기 때문이라는 보고도 있고요. 만성 스트레스에
시달리는 것은 인간뿐 아니라 꿀벌도 마찬가지인 것 같습니다.

대부분 식물은 암수가 구분되어 꽃에 암술과 수술이 서로
떨어져 있습니다. 씨앗이 만들어지기 위해서는 수술의 꽃가루가
암술에 닿아 수정이 이루어져야 합니다. 이를 수분(受粉,
꽃가루받이)이라 하는데 벌, 나비, 나방, 파리 등이 이 일을
수행합니다. 튼튼한 후손이 태어나기 위해서는 가능하면 멀리
떨어져 있는 수술의 꽃가루로 다양한 유전자가 섞이는 것이
좋습니다. 식물은 꿀벌이 이 일을 하도록 광합성으로 합성한 녹말
일부를 분해하여 꽃꿀[자당(설탕물) = 포도당 + 과당 + 50% 물]을
꽃의 꿀샘에 보냅니다. 이 꽃꿀을 벌이 얻는 과정에서 식물의
수분이 이루어집니다. 꿀벌은 꽃꿀을 집으로 가져와 저장하여

수분을 제거하고 숙성시킵니다. 이 과정에서 각종 비타민과 미량 성분들이 더해져 우리가 아는 꿀이 되는 것입니다. 웬만한 크기의 꽃이라 해도 꿀샘에는 설탕물이 보통 0.4mg 정도밖에 없기 때문에 1kg의 꿀을 모으기 위해서 꿀벌은 약 500만 송이의 꽃을 찾아다녀야 합니다. 식물의 생존은 꿀벌 때문이라 해도 과언이 아닐 것입니다. 인간이 농업으로 기르는 식물 대부분도 꿀벌의 수분에 의존하고 있습니다. 따라서 꿀벌 실종 사건은 양봉 산업이라는 좁은 범위에서만 볼 간단한 일이 아닙니다.

　현재 지구상에는 150만 종의 동물과 35만 종의 식물이 있다고 알려져 있습니다. 150만 종의 동물 중 약 100만 종이 곤충입니다. 식물 중 25만 종의 꽃식물류 대부분은 곤충과 공생 관계에 있습니다. 꿀을 모으기 위해 인간도 벌과 공생합니다. 인간과 공생하면서 꿀을 모으는 꿀벌은 8종으로 알려져 있습니다. 그러나 우리나라 토종 꿀벌은 이미 멸종 위기에 내몰렸고, 서양에서 들어온 꿀벌이 양봉 산업의 주류를 이루면서 식물의 생존을 책임지고 있습니다. 위기에 직면한 존재는 꿀벌만이 아닙니다. 지구 위 곤충도 매년 1~2%씩 감소하고 있습니다. 곤충은 새와 물고기의 먹이이고 식물의 번식 파트너이며 자연 폐기물의 분해자입니다. 특정 곤충이 사라지면 생태계 고리가 끊어지고 특정 종이 상대적으로 증가하게 됩니다. 소위 유해 종이나 외래종이 늘어나는 것입니다. 개구리가 없어지면 파리나 모기가 많아지는 식입니다. 생태계의 균형이 무너지면 결국엔 인간도 살기 어려워집니다. 건강한 생태계를 위해서는 곤충이 반드시 있어야 합니다. 이들은 식물과 인류에 유익을 주는 생물입니다.

하지만 보편적으로 곤충은 다른 생물에 비해 오랫동안 천대받아
왔습니다. 19세기 말 프랑스의 파브르가 곤충을 자세히 관찰한
《곤충기》라는 책을 남긴 덕분에 전 세계의 아이들이 곤충에
대해 이전보다 좀 더 나은 인식을 갖게 되었습니다. 파브르는
곤충의 외형이 흉측하고, 곤충이 인간을 공격한다는 편견에 맞서
곤충은 곤충 자체로 존중받아야 할 존재임을 보여주었습니다.
그는 인간의 시각으로 곤충을 해석하는 것을 경계하고, 곤충이
하는 일을 그대로를 관찰하고 기술했습니다. 그는 모든 생명체를
하나님의 소중한 창조물이라고 믿었습니다. 곤충도 인간이 책임
있게 돌보아야 할 하나님의 창조물로 인식한 것이지요. 신자들
가운데서도 이런 파브르의 후예가 많이 나오면 좋겠습니다.

기후변화, 우리의 태도

더 많은 연구 결과를 지켜봐야겠지만 적어도 현재까지의 엄청난
화석 연료 사용에 기반한 인간 활동이라는 인위적 요인을 도외시한
채 자연적 요인만으로 지금의 이상기후를 설명하기는 어려워
보입니다. 따라서 우리는 지구 온난화 방지를 위한 실천 사항과
지구를 구하는 실천 방안에 관심을 기울일 필요가 있습니다. 보다
뛰어난 에너지 사용과 자원의 효과적 활용, 환경 보호 윤리를
추구해야 할 것입니다. 그렇지만 동시에 개인적인 실천만으로는
기후 위기 문제를 해결할 수 없습니다. 보다 깨끗하고 친환경적인
에너지를 찾는 것은 쉬운 일이 아닙니다. 범지구적 차원에서
지구를 구하는 방법으로 제안되는 자동차 연비 향상, 발전소

효율 향상, 석탄 발전소 중단, 풍력이나 태양광 증가, 수소나 전기 자동차 사용, 전기 사용량 감축 등은 말처럼 쉬운 일이 아닙니다. 인류는 화석 연료로 누려왔던 풍요로운 삶을 그대로 유지하려 할 것이기 때문입니다. 각국의 이해관계가 첨예하게 대립하리라는 것은 불 보듯 뻔한 일입니다. 선진국은 자국의 화석 연료 산업을 그대로 개발도상국으로 옮겨 경제적 이득을 취하면서 자국 내에서만 친환경을 추구할 수 있습니다. 또 이제 막 개발의 단맛을 보기 시작한 개발도상국들이 환경을 위해 발전 속도를 늦추는 정책을 따를지도 의문입니다.

우리는 기후 위기 문제 앞에서도 부의 추구를 멈추지 못하는 인간의 탐욕을 직면하게 됩니다. 이렇게 볼 때 과학의 영역을 넘어서 하나님의 통치를 거스르는 신앙의 영역이기도 합니다. 인간의 탐욕을 폭로하고 창조 세계를 향한 청지기 정신으로 돌아가는 것이 근본적인 해결책입니다. 어떤 식으로 이것을 실천할 수 있을지 모르지만 이것을 위한 지혜를 모으는 일은 이 시대를 살아가는 우리에게 주어진 중요한 사명이 아닌가 생각하게 됩니다. 기후변화나 이상기후는 이 시대를 대표하는 키워드가 되었습니다. 각종 자연재해는 전부 기후변화에 원인을 돌리고 있습니다. 지구의 평균 기온 상승은 양극지방의 빙하를 녹이고, 해수면을 상승시켜 지구 곳곳을 물에 잠기게 하고, 수온을 변화시키고, 물 부족과 기상이변을 지속시킬 것입니다. 지구가 사람이 살 수 없는 곳이 되거나 멸망할지도 모른다는 극단적 전망도 나옵니다. 우리는 이러한 방법으로 세상이 끝나는 것이 아니라 예수 그리스도의 재림으로 이 세상이 끝날 것임을 믿습니다. 그러나 우리 신앙은 세상을 잘 돌보고 다스릴 것을 명령합니다. 주님 다시 오실 때까지 우리는 각자의 자리에서 자신의 소명을 발휘하며 성실히 그 임무를 수행해야 할 것입니다.

덤.   창조세계를 돌보는
        인간의 소명

현대 문명은 끊임없이 쓰레기를 양산하고,
자연을 파괴합니다. 인간은 왜 이렇게
창조세계를 더럽힐까요? 자연 개발은
인간이 살아가기 위한 필수요소일까요?
자연을 보호하며 창조세계와 공생할 수
있는 방법은 없을까요?

현대인은 손이 닿는 모든 것을 쓰레기로 바꾸는 재주를 가진 것 같습니다. 대한민국 국민 한 사람은 매일 1kg의 쓰레기를 생산합니다. 한 가정이 최소 1년에 1톤 분량의 쓰레기를 배출하는 것입니다. 쓰레기는 그 나라의 경제 규모와 밀접하게 연결되어 있습니다. 잘사는 나라는 더 많은 쓰레기를 배출하고 못사는 나라는 덜 배출합니다. 때로는 많이 버리는 것이 부와 풍요의 상징으로 여겨지기도 합니다. 더 잘살아보겠다는 인간의 욕심이 하나님이 만드신 창조세계를 쓰레기장으로 만들고 있는 것입니다. 오늘날 현대 문명이 만든 쓰레기가 없는 곳이 없습니다. 아프리카 오지나 히말라야 깊은 산 속에도 플라스틱과 비닐 쓰레기가 널려 있다니 참으로 안타까운 일이지요.

쓰레기, 내가 버리는 것이 곧 나다

소비를 부추기는 광고가 쏟아지고 있습니다. 새로운 기능을 탑재한 전자 제품, 새로운 디자인의 옷 등 기존 것을 버리고 새것을 사라는 메시지가 사방에서 들려옵니다. 새것을 가지게 되면 기존의 것은 버려질 가능성이 큽니다. 버려지는 것들은 쓰레기가 되지요. 집, 인테리어, 전자제품, 자동차, 옷, 가정용품 등 예외는 없습니다. 하지만 쓰레기를 만들지 말자고 소비를 멈추면 경제 활동에 문제가 생기니 소비를 멈출 수도 없는 노릇입니다. 아이러니지요. 그러니 소비를 장려할 수밖에 없고 쓰레기의 양은 늘어갑니다. 개인이 만드는 쓰레기가 1년 반마다 2배가 된다는 통계도 있습니다. 더 잘살기 위해 더 많이 버려야 하는 아이러니한 현대의 산업구조에서 쓰레기를 줄이는 것은 결코 간단한 문제가 아닙니다. 그래서 증가하는 쓰레기를 친환경 쓰레기 처리 시스템이라는 과학기술을 구축하여 해결하고자 하는 시도들이 있습니다. 재활용(recycling) 기술을 통해 쓰레기를 처음의 원료 상태로 돌리고, 그 과정에서 재생에너지를 확보하여 경제 성장과 환경 보호 두 마리 토끼를 다 잡자는 것입니다. 그럴싸한 해결책처럼 보이지만 이것은 기술적으로 쉬운 일도 아니고, 근본적인 해결책도 아닙니다. 사람들은 쓰레기를 분리배출하고 쓰레기가 수거되면 문제가 없을 것이라고 생각합니다. 하지만 그렇지 않습니다. 분리수거가 안 된 쓰레기가 문제 되는 것은 물론이고, 분리수거 된 쓰레기 처리도 여간 복잡한 문제가 아닐 수 없습니다. 경제 논리가 개입되기 때문입니다. 재활용된 원료는 품질이 떨어지고 비싼 경우가 많아서 대부분 산업현장에서는 새 원료를 선호합니다. 그래서 처치 곤란 쓰레기를 돈을 주고 아시아나 아프리카에 팔았는데 최근 이 국가들도 더이상 쓰레기를 받지 않겠다고 합니다. 외국으로 반출되지 못한 쓰레기가 국내 이곳저곳에 쌓이며 큰 문제가 되고 있습니다.

이렇게 쓰레기를 매립할 곳이 부족하면 주로 소각합니다. 하지만 쓰레기를 태우는 과정에서 이산화탄소 같은 온실가스가 발생하니 이것도 문제입니다. 최근에는 온실가스를 '인류가 만든 가장 위험한 쓰레기'라고 부릅니다. 앞서 살펴본 것처럼 기후와 환경을 변화시켜 지구를 사람이 살 수 없는 곳으로 만들어 버리기 때문입니다. 쓰레기를 소각하는 것은 하늘에 쓰레기를 버리는 것과 다를 바 없습니다. 온실가스뿐만 아니라 쓰레기 속에 있는 각종 화학 물질이 타며 다이옥신 같은 유독 가스를 배출합니다. 쓰레기를 소각하며 만들어진 에너지를 재생에너지라 부르며 친환경 이미지를 만들고자 하지만, 소각 후 남은 재를 매립하거나 농가에 비료로 공급하려고 해도 중금속이나 다른 유해물질이 들어 있을 수도 있기 때문에 선뜻 사용하기 어렵습니다. 그래서 이 재를 물로 다시 씻겠다고 하는데, 그러면 유해물질이 물로 옮겨 가기 때문에 물을 다시 처리해야 하는 것이지요. 결국 아무리 첨단 과학기술이라 하더라도 우리가 버리는 쓰레기는 어떤 식으로든 자연을 오염시키게 되어 있습니다. 제한적인 해결책인 셈이지요. 과학기술이면 다 될 거라는 환상을 버려야 합니다. 동시에 눈에 보이는 음식물 쓰레기, 폐기물, 플라스틱, 비닐, 종이, 옷 같은 쓰레기뿐 아니라 눈에 보이지 않는 방사성 폐기물, 미세 먼지, 온실가스 등도 우리 인간이 버린 쓰레기임을 인식해야 합니다.

쓰레기 문제와 관련해서 자연의 자원 순환을 살펴보는 것은 우리에게 큰 도움이 됩니다. 자연 속 동식물도 엄청난 양의 쓰레기를 생산합니다. 풀은 죽어 흩어지고, 나뭇잎은 떨어져 낙엽으로 수북하게 쌓입니다. 그러나 그것을 쓰레기라고 부르지는 않지요. 자연에는 쓰레기라는 말이 없습니다. 순환되어 또 다른 생명의 원료가 되기 때문입니다. 미생물에 의해 분해되어 다시 흙으로 돌아가고, 다른 식물이 자랄 양분이 되기 때문입니다. 동물의 배설물이나 사체도 분해되어 식물의 영양분이 됩니다. 동식물도 온실가스를 배출하긴 하지만 식물의 광합성을 통해 공기 중 온실가스를 흡수하여 탄수화물 같은 먹거리를 생산합니다.

하나님이 만드신 자연 생태계는 자원을 순환하며 식물과 동물, 그리고 인간까지 공존하도록 합니다. 자연을 이루는 물질은 낭비 없이 재사용됩니다. 세상의 모든 창조물은 그것을 이루는 재료를 새로 만들어내는 것이 아니라 다른 창조물의 일부였던 원소를 재사용하게 되어 있습니다. 우리가 버린 쓰레기도 생태계의 순환 속에서 생태계에 영향을 미치고, 결국 우리 몸을 이루게 됩니다.

자연의 자원 순환을 모방한 '순환경제'라는 용어가 있습니다. 사용 후 버려지는 것들을 원료로 재사용하자는 것입니다. 즉 자연처럼 낭비 없이 모든 자원을 순환하여 사용하자는 말입니다. 순환경제를 통해 경제 활동을 유지할 수 있고, 동시에 쓰레기도 발생할 일이 없다는 논리입니다. 길게 보면 맞는 말일지도 모르겠습니다. 하지만 인간이 이룩한 경제는 순환을 위한 시간을 기다려주지 않지요. 상품은 쉬지 않고 생산되고, 쓰레기는 계속해서 쌓이고, 재활용될 시간을 기다려주지 않습니다. 그러므로 최선의 방법은 쓰레기양을 줄이고 가능하면 물건을 재사용하여 소각과 매립을 최소화하는 것입니다. 우리가 쓰레기로 배출하는 많은 것들은 잘 관리하면 계속 사용할 수 있는 것들입니다.

코로나19를 겪으면서 쓰레기 대란을 우려하는 목소리가 더욱 커졌습니다. 과학기술은 쓰레기 문제에 근본적인 해결책을 제공하지 못합니다. '내가 버리는 것이 곧 나'입니다. 내가 어떤 쓰레기를 버렸고, 얼마나 버렸는가 하는 것이 곧 내가 어떤 삶을 살고, 어떤 가치를 지향하고 있는지를 말해줍니다. 많이 쓰고 많이 버리는 사람보다 절제와 공유를 통해 적게 쓰고, 재사용하고,

적게 버리는 사람이 바람직한 사람으로 여겨지는 사회가 되면
좋겠습니다. 새로운 법이나 규제를 만드는 것보다도 적게 버리는
것이 이롭다는 새로운 윤리가 정착되면 좋겠습니다. 재활용을
일상생활에서 실천하는 것은 비교적 쉽습니다. 그러나 소비를
부추기는 세상의 흐름 속에서 쓰레기를 줄이고, 물건을 오래
사용하고 재사용하는 일은 말처럼 쉽지 않습니다. 우리는 이웃을
사랑하는 마음으로, 하나님이 만드신 창조 세계를 사랑으로 돌봐야
합니다. 우리의 후손도 아름다운 창조 세계를 누릴 수 있게 잘
보존해야 하는 것입니다. 이것은 믿음이 없이는 어려운 일입니다.
우리 그리스도인이 이 일에 앞장서서 기독교가 잃어버린 신뢰를
회복하면 좋겠습니다. 이것은 21세기를 사는 신자가 문화명령
(창 1:28)에 순종하는 한 모습이 될 것입니다.

생태계 보호,
포스트 코로나 시대 피조물이 바라는 것

사람들이 코로나바이러스와 사투를 벌이는 동안 지구에는
휴식이 찾아왔습니다. 쉴 새 없이 오고 가는 항공기와 자동차,
24시간 쉬지 않고 가동되는 공장이 멈춰 선 덕분이었습니다.
미세 먼지가 줄어들고 잘 보이지 않던 별들이 맑아진 하늘 덕분에
보이기도 했습니다. 심각한 대기오염을 겪던 인도에서도 수십
년 만에 히말라야 산들이 보였다고 하지요. 개나리, 벚꽃, 목련,
뒤이어 만개하는 철쭉과 조팝 등 선명한 색으로 피어난 봄꽃들이
아름다움을 뽐냈습니다. 사람들의 야외활동이 줄어들며 산과

숲의 동식물도 조용히 쉴 수 있었습니다. 야생동물에게도 잠깐의 휴식이 찾아왔고, 거의 매년 조류독감이나 아프리카돼지열병 바이러스로 집단 매장되던 가축들도 수난을 잠깐이나마 피할 수 있었습니다. 자연에는 지역에 따라 수십 년 혹은 수백 년 만에 찾아온 휴식이었을 것입니다. 어느 환경운동가나 생태학자도 하지 못한 일을 이 코로나바이러스가 해냈습니다. 눈에 보이지도 않고 생명체도 아닌 코로나바이러스 덕분에 지구가 잠시 숨을 돌리게 된 것입니다. 그것도 전 세계적 규모로 말입니다. 사람이 멈추니 자연이 숨을 쉬게 된 셈입니다.

지구상에서 인간은 홀로 살아갈 수 없습니다. 인간은 다른 생명체, 나아가 자연환경과 깊이 연결되어 거대한 한 몸을 이루고 있습니다. 이를 생태계 혹은 생태권이라 부릅니다. 우리가 사는 세상은 다른 피조물을 희생시키고 인간만 잘살게 되어 있지 않습니다. 하나님께서 햇빛, 공기, 물, 천연자원 같은 무생물과 동식물, 심지어 박테리아와 바이러스조차도 서로 공존하면서 살아가도록 만드셨습니다. 특별히 인간에게는 이 모든 피조물을 지키고 돌보는 역할을 맡기셨습니다(창 1:26, 28, 2:15). 하나님께서 우리에게 맡기신 막중한 책임을 잊고, 우리 인간만 잘살겠다고 다른 피조물을 희생시키고 있는 것은 아닌지, 창조 질서를 파괴하고 있는 것은 아닌지 돌아보아야 합니다. 우리는 이미 기후변화, 미세 먼지, 미세 플라스틱 등으로 인한 생태계 파괴를 경험하고 있습니다. 우리는 어디서부터 잘못되었는지를 돌아보면서 실수를 반복하지 않는 길을 찾아야 합니다. 우리에게 맡겨진 피조물을 향한 책임과 의무를 생각할 수 있으면

좋겠습니다. 그것이 피조물이 우리 인간에게 간절히 바라는
것이자 하나님께서 우리에게 바라시는 바가 아닐까 생각합니다.

에너지와 미래

원자력 에너지,
좋은 거야 나쁜 거야?

원자력 에너지에 대한 찬반 논란이
국내외적으로 뜨겁습니다. 우리나라는
전기를 생산하는 평화적 원전 외에
북핵이라는 첨예한 핵폭탄 이슈를 안고
있습니다. 우리나라는 1978년부터 원자력
발전소를 가동하여 현재는 25기 원자로를
가동 중입니다. 양면성을 가진 원자력
에너지를 어떻게 볼 수 있을까요?

원자력 에너지는 우리에게 비교적 익숙한 주제입니다. 북핵 문제가 국제적 이슈가 된 지 오래이기 때문입니다. 또 2011년 일본 후쿠시마 원자력 발전소 사고의 후속 조치가 여전히 우리 사회의 현안으로 남아 있기도 하지요. 30년이 수명인 원자로의 단계적 폐기와 추가 원자로 건설 중단이라는 첨예한 대립이 계속되고 있습니다. 후쿠시마 사고에서 보듯이 원자력 에너지는 매혹적인 에너지원이면서 동시에 대재앙이 될지도 모르는 위험성을 가진 양날의 검과 같습니다. 때문에 한편에서는 원자력 발전소 폐기라는 반핵을 외치고 다른 한편에서는 온실가스 배출이 없는 친환경 에너지를 강조하며 원자력 사용을 찬성합니다.

원자력 에너지란 무엇인가

북한의 핵 문제는 우리에게 큰 이슈입니다. 하지만 북핵 문제 못지않은 큰 이슈는 원전의 지속 여부입니다. 핵무기와 원전을 같은 선상에 나란히 놓기는 어렵지만 핵무기와 원전은 원자핵 반응이라는 공통 기반 위에 서 있는 과학입니다. 세상은 100여 종에 달하는 원자라는 작은 입자로 이루어져 있습니다. 각 원자는 원자핵과 핵 주위를 도는 전자들로 구성됩니다. 원자의 질량 대부분을 차지하는 원자핵은 다시 양성자와 중성자로 이루어져 있습니다. 그런데 같은 종류의 원자라도 중성자의 수가 다르기 때문에 질량이 다른 동위원소라는 것이 존재합니다. 이 동위원소들 중 방사성 동위원소는 불안정합니다. 그래서 시간이 지날수록 에너지를 방출하며 질량 손실이 일어나 다른 원자로 바뀌게 되는데요. 이때 방출되는 에너지를 원자력 에너지 혹은 원자핵 에너지 혹은 방사선이라 부릅니다. 방사선 중에는 사람의 유전자까지 변형시킬 수 있는 치명적인 것도 있습니다. 하지만 약한 방사선은 우리 주위 어디에나 존재합니다. 방사성 동위원소는 자연 어디에나 존재하기 때문입니다. 이 동위원소들은 일정하게 방사선을 배출하며 다른 원소로 변하는 성질이 있기 때문에 암석이나 화석의 연대를 측정하는 데 사용됩니다. 2018년에 우리 사회를 떠들썩하게 했던 라돈 침대의 '음이온'도 사실은 암석 속 우라늄과 토륨의 방사성 동위원소가 붕괴하면서 생기는 라돈의 방사선입니다.

핵무기나 원전의 핵연료로 사용되는 우라늄과 플루토늄은 각각 질량이 우라늄-235, 플루토늄-239인 방사성 동위원소들입니다. 우라늄은 자연의 우라늄(U-238) 속에 약 0.7% 정도 들어 있는데 이를 수 퍼센트로 약하게 농축하여 원전의 핵연료로 사용하거나 수십 퍼센트로 농축하여 핵무기로 사용합니다. 우라늄-238에 중성자를 쏘아 때리면 플루토늄-239가 만들어집니다. 플루토늄은 주로 원자력 발전에서 핵연료의 핵반응 이후 부산물로 소량 만들어집니다. 이렇게 만들어지는 플루토늄은 핵무기로 사용될 가능성이 있기 때문에 국제적으로 원전의 핵연료 폐기물은 엄격히 감시, 관리되고 있습니다. 북한의 영변 원자로가 문제가 되는 것은 핵연료인 우라늄과 핵연료 폐기물 속의 플루토늄을 농축할 수 있는 시설을 가지고 있기 때문입니다. 2차 대전 때 미국이 일본 히로시마에 우라늄 원자폭탄을, 나가사키에 플루토늄 원자폭탄을

1945년 8월 6일 히로시마에 원자폭탄이 투하된 모습(좌), 같은 달 9일 나가사키에 원자폭탄이 투하된 모습(우).

투하한 이후 핵무기의 위력이 잘 알려졌고 사람들은 그 위험성을 생생히 기억하고 있습니다. 국제사회가 한편에서는 위력적인 무기를 보유하려 하고 다른 한편에서는 막으려는 이유가 바로 이 때문입니다.

핵무기의 위험을 알면서도 핵의 엄청난 에너지에 매료된 인간은 핵반응을 평화적으로 사용할 방법을 찾았습니다. 핵폭탄과 달리 방사성 동위원소를 저농도로 농축하고 핵반응을 천천히 일어나도록 조절하여 원전 연료로 사용할 수 있게 만든 것입니다. 이렇게 원자핵 반응을 일으키는 원자로는 원자력 발전을 위해 전 세계에서 454기가 가동되고 있고, 연구용으로 226기가 가동 중입니다. 우리나라의 경우 전기의 약 30%를 원전에서 얻고 있습니다. 석탄 약 3천 톤을 태워야 얻을 수 있는 전기를 우라늄 1kg으로 생산하니 화석연료에서 나오는 온실가스나 미세먼지 문제를 생각할 때 매력적인 기술이 아닐 수 없습니다. 그러나 체르노빌이나 후쿠시마 원전 사고에서 보듯이 사고의 확률이 높지 않다고 하더라도 자칫 방심하거나 불가항력적 재난이 닥치게 되면 원전은 비극을 낳을 수밖에 없다는 점 또한 분명한 사실입니다.

핵무기에 사용되든 원전 에너지로 사용되든 원자핵 반응 역시 하나님의 아름다운 창조의 일부입니다. 햇빛이나 밤하늘의 별빛은 원자핵 반응 때문에 생깁니다. 아인슈타인의 특수 상대성 이론 공식 $E = mc^2$(E는 에너지, m은 질량, c는 진공에서의 빛의 속도)은 그 이유를 잘 설명해줍니다. 즉 물질은 에너지로 변할 수 있는데, 원자핵이 깨질 때 질량이 조금 감소하면서 엄청난 양의 에너지가 나오는 것입니다. 태양에서는 수소의 동위원소들이 핵반응을 하는데 지구의 원전 약 40경 개가 생산하는 정도의 엄청난 에너지를 냅니다. 태양이 빛나는 것도, 지구에 있는 우리가 빛과 에너지에 의존해 살아갈 수 있는 것도 다 태양에서 일어나는 원자핵 반응 덕분입니다. 별이 빛나는 것도 같은 원리입니다. 이처럼 원자핵 반응에서 강력한 에너지가 발생하고 방사선이 방출되며 질량 손실과 같은 특수 상대성 현상이 일어납니다. 이 원리는 거대한 우주의 에너지 원천에 대해 이해하도록 해주었을 뿐 아니라 화학과 의학의 발달 과정에도 활용되었습니다. 또한 전기를 생산하여 편안하고 안정된 생활이 가능하게 했습니다. 그러나 핵무기나 원전 사고의 비극 때문에 아주 위험한 분야로 인식하여 부정적 시각으로 보게 된 것도 사실이지요.

원전과 녹색 분류체계

원전이 친환경이냐 아니냐 하는 논쟁은 전 세계적으로 뜨거운 이슈입니다. 2021년 겨울 EU(유럽연합)의 행정부인 집행위원회가 EU 녹색 분류체계(택소노미, taxonomy) 규정안을 확정하여 입법 기관인 유럽의회로 넘겼고, 입법 절차를 위한 치열한 논의 끝에 2022년 7월 6일 EU 녹색 분류체계가 통과되었습니다. 이것은 최종적으로 EU 각료 이사회를 거친 후 2023년부터 시행됩니다. 이 규정안은 화석 연료를 에너지원으로 사용하지 않는 친환경 산업에 대한 명확한 원칙과 기준을 제시함으로써 자금이 친환경 산업이나 친환경 기술 쪽으로 유입되게 하는 것을 목적으로 제정되었습니다. 이는 또한 2050년 탄소 중립(총 온실가스 배출 제로)이라는 목표의 일환이기도 합니다. 이 분류체계를 법제화하는 과정에서 치열한 논쟁을 거친 이유는 원전과 천연가스를 친환경 녹색 분류체계에 포함하는 것 때문이었습니다. 우리나라는 2020년 녹색 금융 활성화를 위해 환경부에서 한국형 녹색 분류체계(K-Taxonomy) 지침서를 발표했습니다. 우리나라는 조건부로 천연가스는 포함하고 원전은 포함하지 않았었는데, EU의 녹색 분류체계를 따라 조만간 원전을 포함하는 방향으로 개정될 것으로 보입니다.

이번 EU의 녹색 분류체계 규정은 오랜 논의를 거쳐 과학기술과 경제적 측면을 고려해 현실적이면서도 미래를 지향하도록 만들어졌다고 볼 수 있습니다. 2020년 EU의 전력 생산을 보면 태양광, 풍력 등 신재생에너지의 비중이 38%로 화석 연료의 비중

37%를 넘어섰습니다. 덕분에 EU의 전력 생산에서 온실가스 배출이 2015년 대비 29% 감소했다고 합니다. 발전 단가가 계속 하락하고 가용 비중이 높아지고 있다고는 하지만, 신재생에너지는 아직 완성된 기술은 아닙니다. 신재생에너지는 자연에 흩어져 있는 에너지를 모아서 전기에너지로 변환하는 것이기 때문에 자연의 변화에 영향을 받을 수밖에 없습니다. 2021년 북유럽의 바람이 전례 없이 약해지면서 풍력 발전에 큰 차질이 생겼습니다. 태양광도 날이 흐리거나 비가 오면 급격히 발전량이 줄어듭니다. 그러니 여전히 EU 전기의 25%를 생산하는 원전에 관심을 두는 것은 당연한 일입니다.

기후변화를 일으키는 온실가스 배출 측면을 보자면 원전의 온실가스 배출량이 가장 적은 것은 사실입니다. 원전의 경우 이산화탄소로 환산한 온실가스 배출량은 전기 1kWh를 생산하는 데 있어 10~30g으로, 800g이 넘는 석탄과 심지어 친환경이라 하는 천연가스의 400~500g보다 훨씬 낮습니다. 신재생에너지인 태양광(40~80g)이나 풍력(10~30g)과 비슷하거나 오히려 약간 낮은 수준입니다. 온실가스 감축이 정말 인류의 가장 큰 과제라면 원전 사용이 가장 좋은 과학적 해답이 된다고 말할 수 있습니다. 그러나 원전은 방사성 물질을 다루기 때문에 안전 문제와 더불어 핵폐기물 관리라는 문제를 동시에 안고 있습니다. 모든 에너지의 원천인 태양이 원자핵 에너지로 에너지를 공급하지만, 인간이 직접 핵에너지를 다루는 것은 여전히 위험 요소가 많습니다. 이 점을 고려하여 EU는 원전을 조건부로 일정 기간 친환경으로 분류한 것입니다. 조건의 내용은 2045년까지만 원전 건설을 승인하되

2050년까지 방사성 핵폐기물을 안전하게 처분할 방안을 마련하는 국가에서만 건설해야 한다는 것입니다. 천연가스 발전소의 경우 2035년 이후 수소나 다른 탈탄소 연료로의 전환을 전제로 조건부 친환경으로 분류했습니다. 천연가스는 현재 400~500g의 온실가스를 배출하고 있습니다. EU의 논지는 원전이나 천연가스 발전을 신재생에너지로의 전환을 위한 과도기적 중간 기술로 활용하겠다는 것입니다. 따라서 EU의 녹색 분류체계를 단기적인 시각으로 '원전이냐 신재생이냐'의 논쟁으로만 국한하여 볼 일이 아닙니다.

저는 탈탄소를 지향하며 그린 수소 생산과 수소를 이용하는 연료전지를 연구개발하고 있습니다. 국내에는 이미 수소 연료전지 발전소가 건설되고 있습니다. 이 기술들이 머지않아 신재생에너지 생산에 중요한 부분을 차지할 것으로 예상합니다. 그러나 신기술은 수많은 시행착오를 필요로 합니다. 세계 10대 기술 강국으로서 신기술로 선두 경쟁을 해야 하는 우리나라의 경우에는 더 그렇겠지요. 이 시행착오를 국가적으로 수용할 대책이 필요해 보입니다. 우리나라의 전력 생산 구조는 여전히 기술 강국 위상에 맞지 않게 석탄 같은 화석 연료 비중이 높습니다(60% 이상). 반면 신재생의 비중은 7%로 턱없이 낮습니다. 원전이 우리나라 전력의 29%(2020년)를 생산할 정도로 비중이 높은 것도 현실입니다. 이번 EU의 현실과 미래를 세밀하게 고려한 녹색 분류체계 규정안 법제화를 계기로 우리나라도 미래 세대를 고려한 치밀한 친환경 에너지 정책을 수립해야 합니다.

원자력 에너지를 대하는 우리의 태도

명과 암이 뚜렷한 원자력 에너지를 고려할 때 그리스도인들은 몇 가지를 생각해 볼 수 있습니다. 먼저 우주 전체를 볼 때 원자핵 반응은 온 세상 에너지의 원천입니다. 해와 별 그리고 모든 우주의 에너지는 핵반응의 결과로 나온 것입니다. 식물이 자라고, 바람이 불고, 비가 오고, 강물이 흐르는 것도 따지고 보면 다 태양에서 만들어진 원자력 에너지 때문입니다. 이 에너지는 창조의 결과물이며 하나님의 섭리입니다. 창조의 아름다운 질서가 에너지 영역에도 가득 차 있습니다.

그렇지만 이것을 활용하는 과학기술 활동의 주체가 인간이므로 과학기술에는 인간의 능력, 한계, 죄가 공존한다는 것을 알아야 합니다. 인간은 핵을 통해 지구를 더럽힐 수도 있고, 방사선에 의한 유전자 변화로 생명체에 재난을 초래할 수도 있습니다. 따라서 이 분야는 많은 책임을 요구합니다. 핵과 관련된 과학기술이 저주가 되지 않도록 말이지요. 그런 점에서 핵에 대한 경계와 비판은 특히 경청해야 합니다. 핵에 대한 경계와 비판을 경청하며 핵 기술을 더 나은 기술로 개발하고, 나아가 깨끗하고 안전한 에너지원을 찾는 것, 이것은 우리가 이 땅에서 힘써야 하는 사명 중 하나입니다. 우리는 모든 역사가 하나님의 섭리 가운데 있다는 믿음을 잃지 말아야 할 것입니다. 우리는 이 세상이 핵전쟁이나 핵사고로 끝나는 것이 아니라 사랑과 자비의 예수님이 다시 오심으로 끝난다는 것을 압니다. 우리는 원자력 관련 이슈를 정치적으로만 생각하며 감정적으로 반응하기보다, 한걸음 물러서서 신앙의 눈으로 분별해야 합니다. 그럴 때 나와 다른 주장을 하는 사람을 성급히 비난하거나 미워하는 어리석음에서 벗어날 수 있습니다. 분열된 우리 사회에 신앙이 꼭 필요한 이유입니다.

에너지로
돌아가는
세상

인간은 에너지 없이 살 수 없습니다.
에너지의 종류는 다양하고, 각 에너지마다
장단점을 가지고 있습니다. 인류가
발전하면 발전할수록 인간은 더 많은
에너지를 필요로 합니다. 인류는 이
에너지를 어디서 충당할까요? 그리고
에너지를 바르게 사용하는 방법은
무엇일까요?

2022년 2월 24일, 러시아가 우크라이나에 전면적인 침공을 개시했습니다. 세계 각국은 러시아를 규탄하며 러시아에 각종 경제 제재 조치를 하고 있습니다. 그러나 러시아는 이 글을 쓰는 지금까지 전쟁을 멈추기는커녕 기세등등합니다. 왜냐하면 유럽을 포함한 세계가 러시아의 화석 에너지에 크게 의존해 있기 때문입니다. 이를 계기로 에너지가 얼마나 우리 일상 곳곳에 영향을 미치는지, 앞으로 건강한 에너지 생산을 위한 설계를 어떻게 해나가야 하는지 등을 전 세계가 함께 고찰하고 있습니다.

우크라이나 전쟁을 통해 본
현재의 에너지 상황

EU의 에너지 자립도는 42%로, 나머지 58%를 수입하며 그중 절반은 러시아에 의존하고 있습니다. 구체적으로 천연가스와 석탄의 절반 그리고 원유의 1/4을 러시아에서 들여오고 있지요. 천연가스는 러시아에서 유럽으로 연결된 긴 파이프라인을 통해 쉴 새 없이 유럽으로 흘러들고 있습니다. EU는 러시아가 제공하는 에너지 없이는 제대로 된 삶을 살기 어려운 형편에 처해 있습니다. 러시아는 전 세계 원유의 12%와 천연가스의 17%를 공급하는 화석 에너지 대국입니다. 러시아의 에너지 수출액은 국가 예산의 40%에 이를 정도입니다. 그 금액의 절반 정도는 EU에서 들어오는데 이 돈이 고스란히 전쟁 비용으로 사용되고 있는 셈입니다. 그래서 미국은 EU에 러시아 에너지 수입을 중단할 것을 요구했고 우여곡절 끝에 원칙적으로 합의했습니다. 그러나 당장 러시아 에너지 수입 중단으로 불편해질 자국민의 삶과 경제 성장률 하락을 염려하여 EU 각 나라마다 다른 반응을 보이고 있습니다.

사실 EU는 이미 오래전부터 신재생에너지로의 전환 정책을 적극적으로 시행해 오고 있습니다. 온실가스에 의한 기후변화를 줄이려는 것이 가장 큰 목적입니다. EU의 에너지 전환 정책 이면에는 이번 러시아 사태 같은 경우를 대비하기 위한 에너지 자립의 목표도 들어 있습니다. 이 정책 덕분에 2020년 EU는 총에너지 소비량의 20% 이상을 신재생에너지로 충당할 수 있게 되었습니다. 전력의 1/3 이상이 풍력, 태양광 등 신재생에너지에서 생산되고 있으며 해가 갈수록 그 비중은 높아질 것입니다. EU 각국은 이 목표를 더 분명하게 달성하기 위해서 EU 택소노미(녹색분류체계)를 법제화하는 등 적극적인 노력을 하고 있습니다.[11] 2050년 탄소 중립을 위해 전체 에너지의 20%를 수소 에너지가 차지하게 하는 '수소 경제'도 발표했습니다. 몇몇 국가는 이보다 더 빠른 변화를 추진하고 있습니다. 영국은 수소 에너지를 35%까지 늘려 보려는 목표를 세우고 있습니다. 이를 위해 이미 풍력 발전에서 만들어진 전기를 이용하여 수소를 생산하는 등 많은 투자를 시작했습니다. 전력의 40% 이상을

11) 2022년 9월 14일 유럽의회는 2030년 신재생에너지 비중을 45%로 올리는 신재생에너지 지침(Renewable Energy Directive) 개정안을 통과시켰다.

유럽의 풍력 발전

신재생에너지로 생산하고 있는 독일은 2035년에는 전체 전력을 신재생에너지로 생산할 계획입니다. 이러한 에너지 전환으로 기후변화를 줄이면서 자연스레 에너지 대외 의존도를 낮출 것을 기대하고 있습니다.

우크라이나 전쟁과 러시아 에너지 수입 제재를 보면서 에너지의 93%를 수입에 의존하는 우리나라의 경우를 생각하지 않을 수 없습니다. 에너지 빈국인 우리는 어떤 에너지 정책을 펴야 할까요? 러시아 에너지 수입 제재로 국제 유가가 요동치면서 유가와 각종 원자재 가격이 폭등하였고, 그 영향력은 고스란히 우리 실생활에 파고들었습니다. 우리는 이 상황을 우리나라 에너지 문제를 생각하는 기회로 삼아야 합니다. 우리도 기후변화 문제를 계기로 2050년 탄소 중립 목표를 선언하고 대외 의존도가 높은 화석에너지를 줄이고 신재생에너지로 전환하면서 에너지 자립도를 높이는 에너지 정책을 세웠습니다. 그러나 우리의 에너지 정책은 논란이 많고 정책 일관성도 부족하여 신뢰하기가 어렵습니다. 신재생에너지는 완성된 기술이 아니기 때문에 많은 기술적 개발과 시행착오를 필요로 합니다. 하지만 이를 위한 국민적 이해와 합의를 위한 과정이 거의 없습니다. 에너지 빈곤 국가에서 벗어날 비전과 목표를 잘 제시할 필요가 있어 보입니다. 우리 시대에 에너지는 의식주만큼 필수적이므로 에너지 문제를 잘 다루어 가는 것은 중요한 국가적 차원의 문제이면서 동시에 신자들도 관심을 가지고 힘쓸 일 중 하나입니다.

탄소 순환과 탄소 포집 기술

인간은 쉬지 않고 몸을 움직이고 정신 활동을 하며 살아갑니다. 이를 위해서는 에너지가 필요한데 음식을 통해 공급되는 탄수화물, 지방, 단백질이 바로 에너지원입니다. 이 물질들을 최소 단위까지 잘게 쪼개면 탄소 원자들이 화학결합을 통해 사슬이나 고리 모양으로 연결된 형태로 이루어져 있음을 알 수 있습니다. 이 탄소들의 화학결합 속에는 에너지가 들어 있는데 우리가 호흡으로 흡수한 산소로 결합을 깨서 에너지를 뽑아 씁니다. 이 과정을 '산화' 혹은 '연소'라 합니다. 이렇게 해서 깨진 탄소는 산소와 결합하여 다시 호흡을 통해 이산화탄소(CO_2)로 공기 중에 배출됩니다. 인간은 매일 호흡으로 1kg 정도의 이산화탄소를 배출합니다. 인간만이 아니라 동식물을 포함한 모든 생명체가 이러한 방식으로 에너지를 만들어 살아가고 있습니다.

　생명체가 배출한 이산화탄소를 다시 산소로 바꾸는

것이 식물의 역할입니다. 식물은 깨진 탄소 원자들을 연결된 덩어리(분자)로 바꿔서 땅으로 돌려줍니다. 식물의 잎이 공기 중 이산화탄소를 흡수하고 뿌리가 땅속의 물을 잎으로 빨아올리면, 잎에 있는 녹색을 띠는 엽록체라는 기관이 햇빛을 이용하여 이산화탄소의 탄소를 다시 고리 모양으로 연결하는 것입니다. 이 작용을 빛 에너지를 이용한다 하여 '광합성'(光合成)이라 부르지요. 이렇게 식물은 태양의 빛 에너지를 이용하여 탄소 덩어리를 만들어 인간이나 다른 생명체에 에너지원으로 공급해 줍니다. 인간과 동식물이 탄소를 통해 에너지를 얻고, 사용한 탄소를 식물이 다시 포집하여 태양에너지를 통해 원래의 탄소 물질로 되돌리는 과정을 탄소 순환(탄소 사이클, carbon cycle)이라고 부릅니다. 탄소 순환은 태초부터 세상 끝날까지 생태계 안에서 에너지원이 모자라지 않고 끊임없이 사용될 수 있게 하신 하나님의 지혜입니다. 탄소뿐 아니라 세상의 모든 원소는 낭비 없이 재사용되게 만들어져 있습니다.

인간은 불과 함께 살아왔다고 해도 과언이 아닙니다. 불의 에너지원인 나무, 석탄, 석유 역시 탄소 원자들이 결합된 탄소 덩어리입니다. 석탄이나 석유와 같은 에너지원은 과거의 식물과 미생물에서 유래했기에 '화석'(化石, fossil) 연료라 불립니다. 이들로부터 에너지를 얻는 방식 역시 인간이 에너지원을 얻는 방식인 산화 혹은 연소를 통해서입니다. 즉 공기 중에 있는 산소에 의해 이 연료들의 탄소 덩어리가 깨지면서 에너지가 발생하고, 그렇게 해서 깨진 탄소와 산소가 결합하여 다시 이산화탄소가 생성됩니다. 18세기까지는 이렇게 인간 활동으로부터 배출되는 이산화탄소의 양이 식물의 포집에 의해 원래대로 되돌릴 수 있는 정도의 양이어서 큰 문제가 되지는 않았습니다.

그런데 18세기 말 산업혁명이 시작되면서 상황이 바뀌었습니다. 증기 기관의 발명과 함께 기계를 가동하기 위해 매우 많은 양의 석탄을 사용하기 시작했습니다. 19세기 말부터는 전기의 등장으로 석탄 사용이 더 늘었고 자동차의 개발로 석유 사용량도 급격히 늘기 시작했습니다. 2022년 현재, 자동차 한 대가 매일 화석 연료를 사용하면서 배출하는 이산화탄소량은 사람이 배출하는 양의 12배가 넘는 12.6kg 정도라고 합니다. 산업혁명 전에는 공기 중 0.028%를 차지했던 이산화탄소량이 현재 0.041%를 넘어서고 있습니다. 화석 연료 사용과 식물에 의한 이산화탄소 포집 사이의 탄소 순환 균형이 깨진 결과입니다. 현재 매년 공기 중 0.0002%씩 증가하는 이산화탄소에 의한 온실효과로 지구 평균 기온이 조만간 1.5도까지 증가하고 곧 2도에 육박하여 재난이 그치지 않을 것이라는 예측들이 쏟아져 나오고 있습니다.

이론상 해결책은 간단합니다. 화석 연료 사용을 줄임으로써 이산화탄소 배출량을 줄이고 배출된 이산화탄소를 효과적으로 포집하는 것입니다. 자연의 탄소 순환처럼 공기 중 이산화탄소 농도가 더 늘지 않도록 하면 됩니다. 우리나라를 포함한 나라들이 2050년 탄소 중립을 이루겠다는 선언이 바로 그 말입니다. 그러나 이를 실행하기에는 어려움이 많습니다. 인류는 이미 싸고 편리한 화석 연료에 익숙해져 있기 때문입니다. 우리나라를 포함한 세계 각국이 화석 연료 사용을 줄이기 위해 이미 수소나 태양에너지 등

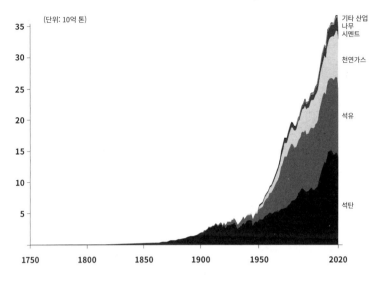

기타 산업
나무
시멘트

천연가스

석유

석탄

온실가스 중 하나인 이산화탄소 증가를 보여주는 그래프

신재생에너지 기술을 도입하고, 이 기술사용을 늘리기 위한 각종 정책을 시행하고 있지만 이산화탄소를 포집하는 기술과 정책 도입은 아직 초기 단계에 머물러 있습니다.

　탄소 포집 기술의 핵심은 이산화탄소를 많이 배출하는 철강이나 화학 공장에 이산화탄소 포집 장치를 설치하여 이산화탄소를 공기 중에 배출하지 않고 모으는 것입니다. 이를 위해 습식, 건식, 분리막 등 다양한 포집 기술이 이미 개발되었고, 계속 개발 중입니다. 이렇게 모은 이산화탄소를 고압으로 액화하여 지하 퇴적층이나 채굴 후의 유전층 혹은 천연가스층에 저장합니다. 또는 액체 공기를 사용하는 산업이나 화학 물질을 만드는 데도 사용할 수 있습니다. 무엇보다 이상적인 기술은 이산화탄소를 원래의 탄소 덩어리로 바꾸는 것입니다. 현재 전 세계적으로 식물 광합성을 모방하여 이산화탄소를 원래의 탄소 물질로 되돌리는 연구개발이 활발히 진행되고 있습니다. 인공 광합성이라 불리는 이 기술은 아직은 식물의 광합성 수준에 이르지는 못하지만 빠르게 발전하고 있습니다. 탄소 포집 기술은 여전히 개발 중이며 비용이 많이 들기 때문에 산업화까지의 과정이 만만치 않을 것입니다. 정부의 적극적 개입과 국제적인 공동 대처가 필요한 분야라 할 수 있습니다. 우리 신자들도 이런 기술 개발과 도입으로 우리가 사는 지구를 재난으로부터 지키려는 노력에 대해 알고 관심을 기울이면 좋겠습니다. 물론 인류가 풍요로운 삶을 위해 지금처럼 엄청난 에너지를 사용하는 문명을 지속하는 한, 그 어떤 해결책도 제한적일 수밖에 없음은 분명하지만 말입니다.

또 하나의 세상,
온라인 가상 세계

사람과 사람이 직접 만나지 않고 인터넷을
이용해 만나는 삶이 일상이 되었습니다.
비대면(언택트, Untact)으로 삶을 살고
사회생활을 하는 것이 가능해졌습니다.
모든 교류가 온라인 가상으로 대체될 수
있을까요? 인류는 가상세계만으로 삶을
영위할 수 있을까요?

재택근무, 온라인 회의, 온라인 강의, 온라인 원격 진료, 온라인 결혼식과 장례식, 온라인 예배 등 각종 모임이 온라인에서 진행되고 있습니다. 앞으로 이런 추세는 유지되거나 더 확대될 것입니다. 온라인 세상은 비대면이라는 점에서 '사이버 세상', 디지털 정보를 이용하는 점에서 '디지털 세상', 시공간과 인간의 감각을 넘어선다는 면에서 '가상세계', 국경, 인종, 신분을 넘어서 전 세계 어디나 또 누구와도 연결할 수 있기에 '초연결 세상'이라 불립니다. 불과 한 세대 만에 세상의 모양을 바꾼 온라인 세상은 어떤 용어로 부르든 인류가 지금까지 경험하고 살아온 세상과는 전혀 다른 세상이 될 것입니다.

실제 세상이 된 온라인 세상

온라인 세계는 전 세계를 해저 광케이블과 인공위성으로 연결하여 디지털 신호로 모든 정보를 교류하는 인터넷에 기반을 두고 있습니다. 온라인 세계에서 이루어지는 교류는 사람이 직접 만나는 전통적인 교류와는 비교가 안 될 정도로 빈번합니다. 코로나 직전인 2019년 전 세계 하루 항공편 이용객의 숫자가 1200만 명 정도였다고 합니다. 코로나 사태로 이렇게 엄청난 빈도의 항공편 운항이 거의 중단된 반면 온라인 세상의 교류는 급속도로 증가했습니다. 2022년 통계로 보면 전 세계 약 80억 명의 인구 중 80%가 넘는 66억 명이 스마트폰을 가지고 있고, 각종 휴대기기를 가진 사람은 70억 명, 즉 인류의 90% 정도라고 합니다. 전 세계의 26억 명이 유튜브를 이용하고 매일 10억 개의 영상을 시청한다고 합니다. 유튜브에는 매시간 약 3만 개 정도의 새로운 영상이 올라와 새로운 볼거리가 넘쳐납니다. 페이스북은 30억 명, 인스타그램 12억 명, 세계 최대 유료 동영상 플랫폼 기업인 넷플릭스는 2.2억 명, 그리고 우리나라 사람들이 애용하는 카카오톡은 5천3백만 명이 이용하는 것으로 알려져 있습니다. 기세가 한풀 꺾였다는 이메일도 여전히 하루에 3천억 개가 발송되고, 구글을 통한 하루 검색 건수는 85억 회에 달합니다. 이렇게 온 인류는 이제 실제 세상이 아닌 온라인 세상 안에서 '실제로' 살아가고 있습니다.

나를 위해 언제나 가능한 영상, OTT

기존의 TV 방송 대신 OTT(over-the-top의 약자), 즉 인터넷을 통해 제공되는 미디어 콘텐츠 방송이 비중을 늘려가고 있습니다. 넷플릭스, 유튜브, 애플TV, 카카오TV, 쿠팡플레이 등이 그 예입니다. OTT의 'top'은 셋톱박스를 의미하는 것으로 TV 같은 단말기가 이에 해당합니다. 'over-the-top'은 이런 단말기를 넘어서 인터넷을 통해 언제 어디서나 내가 원하는 방송을 볼 수 있다는 의미입니다. OTT를 통한 실시간 스포츠 중계도 점점 늘고 있지요. 2017년 11월 6일자 〈뉴스위크〉지에 넷플릭스가 잠과의 전쟁을 선언했다는 기사가 난 적이 있습니다. 리드 헤스팅스 사장(Reed Hastings, CEO)이 온라인 세계의 가장 큰 경쟁자는 잠이며 드디어 잠과의 전쟁에서 이기기 시작했다고 한 말이

기사화된 것입니다. 왜 사람들은 이렇게 잠자는 시간까지 내주며 온라인 세상으로 들어갈까요? 2022년 1분기 구글플레이의 콘텐츠별 모바일 앱 사용 비중을 보면 게임 13.6%, 교육 10.4%, 비즈니스 7.2%, 엔터테인먼트 5.4%, 그리고 음악, 쇼핑, 음식, 취미, 서적, 건강 등이 모두 4%대인 것으로 집계됩니다. 사람이 살아가는 데 필요한 모든 콘텐츠가 다 있는 셈이지요.

'당신을 위한 TV' 혹은 '당신이 곧 TV'라는 모토로 출발한 유튜브 시청률이 기존 방송의 시청률을 뛰어넘은 지 오래되었습니다. 아마도 보고 싶은 것만 볼 수 있는 즐거움이 있기 때문일 것입니다. 인터넷 방송은 자신의 취미, 일상생활, 먹기만으로도 콘텐츠가 됩니다. 그동안 나 혼자 누렸던 여행, 취미생활, 가정생활이 영상으로 만들어지고 공유되는 것입니다. 방송이 다소 연출되어 나오듯 이제 내가 연예인이 되고, 나의 일상이 실제가 아니고 연출된 가상이 되는 것입니다. 2018년 교육부에서 초등학생들을 대상으로 장래 희망을 조사한 결과 유튜버가 연예인(8위)을 제치고 5위에 올랐다는 기사를 본 적이 있습니다. 직업인 유튜버가 아주 많은 것이 현실입니다. 시청자들도 머신러닝(기계학습)과 같은 인공지능(AI) 알고리즘이 빅데이터를 분석하여 내 취향에 맞는 콘텐츠를 추천해 주니 즐겁고 편안합니다. 내가 원하는 것만 보는 즐거움 안에는 나의 이념이나 성향에 맞는 편향된 정보가 주는 정서적 편안함이 있습니다. 가짜뉴스와 같은 것이 극단적 예일 것입니다. 옳고 그름 사이에서 선택해야 하는 이분법을 따르지 않고, 진실은 파악하기 어렵다는 명분 아래 모든 것을 자유롭게 표현할 권리를 보장한다는 유튜브의

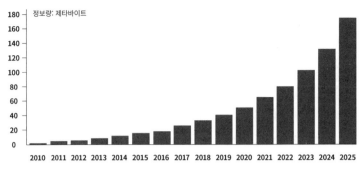

디지털 정보 단위 및 증가량

특성이 온라인 영토를 넓혀 콘텐츠와 사용자를 폭발적으로
증가시키고 있습니다.

온라인 세계의 엄청난 정보량과 시공의 초월

온라인 세계의 교류로 인해 정보량은 폭발적인 수준으로
늘어났습니다. 온라인 세계의 정보량 혹은 지식 양은 상상을
초월합니다. 통계로만 보면 인류의 전체 역사 동안 쌓아온 지식
정보량의 대부분이 지난 몇 년 안에 생겼습니다. 2000년이 시작할
무렵 인류의 디지털 정보량은 55EB(엑사바이트)였는데 2010년
2ZB(제타바이트), 2021년 79ZB로 급증하였고 2025년에는
175ZB가 될 것이라고 합니다. 1EB는 10억 GB(기가바이트), 1ZB는
1,000EB로서 1조 GB입니다. 정보량이 지난 20년 동안 약 1천
배 가까이 늘어난 것입니다. 미국 의회도서관이 보유하고 있는 약
4천만 권의 장서와 보관 중인 자료 총량 1.7억 종을 디지털화할

경우 그 양이 약 20~30PB(페타바이트)가 될 것으로 추정합니다. 1PB(페타바이트)는 1,000TB(테라바이트)이며 백만 GB(기가바이트)입니다. 2020년까지 인류가 쌓은 정보량은 이 의회도서관 250만 개에서 1600만 개 정도의 분량입니다. 인류 전 역사 기간 축적된 인류의 지식을 이 도서관에 거의 다 모아 두었는데, 현재 그런 도서관 수백만 개에 해당하는 정보가 저장되고, 교류되고, 이용되는 것입니다.

온라인 세계는 정보량이 많을 뿐 아니라 시공을 초월할 수도 있습니다. 과거로의 시간 여행이나 우주여행과 같은 시공간적으로 불가능한 경험이 가능해집니다. 시공간 제약을 넘어서 무한하고 영원한 신적 세계를 맛보게 한다고나 할까요. 하나님이 자연 세계를 창조한 것처럼 인간은 디지털 세상 안에 가상세계를 창조하여 그 안에서 하고 싶은 것을 다 하려는 욕망을 품고 있습니다. 특히 국적, 신분, 성별, 시공간에 상관없이 사람들과 교류할 수 있고, 자신의 관심사에 따라 누구든 제약 없이 만날 수 있다는 것이 온라인 세계의 엄청난 힘입니다. 누구나 정보를 동등하게 공유하고, 공평하게 의견을 내고, 각자 자신의 재능을 공개하여 관심을 모을 수 있는 점 또한 온라인 세계의 장점이지요. 이러한 활동을 통해 새로운 경제적 부를 창출할 수도 있습니다.

온라인 세상의 미래, 실감 기술

메타버스(metaverse)라는 말이 유행입니다. 초월, 가상을 의미하는 메타(meta)와 우주나 세상을 의미하는 유니버스(universe)의

조합어입니다. 학업, 직업, 금융, 회의 등 모든 활동이 가능한 가상공간입니다. 기존의 가상현실(virtual reality, VR)이나 증강현실(augmented reality, AR, 가상현실에 실제로 존재하는 환경을 합성)을 더 확대해 모든 활동이 가능한 공간을 말합니다. 현재 온라인 세상에 대한 과학기술계의 가장 큰 관심 중 하나는 '가상세계를 얼마나 실제 세상처럼 구현하는가'입니다. 지금까지 온라인에서 구현되는 가상세계는 주로 시각과 청각으로만 구현되었습니다. 인간이 가진 감각은 시청각 외에 후각, 미각, 촉각이 있습니다. 인간이 만든 가상세계에서는 아직 후각, 미각, 촉각을 구현하지 못합니다. 그래서 따뜻함이나 차가움, 냄새나 맛을 감지하는 기술, 전자 피부 등의 개발을 통해 아직 구현하지 못하는 오감 전체를 디지털화하는 연구가 활발히 진행되고 있습니다. 이를 실감 기술(extended reality)이라 부릅니다. 실제 세계와 구분이 안 될 정도로 실감나는 가상세계를 만들려는 시도 가운데 하나입니다. 이미 많은 성공적 연구 결과가 쏟아져 나오고 있으니 지금의 가상세계가 향후 어떻게 변할지 우리로서는 알 길이 없습니다. 그러나 점점 실제 세계와 가상세계가 구분되지 않는 방향으로 갈 것은 분명해 보입니다.

온라인 세상과 기독교 신앙

가상세계는 기독교 신앙에 도전을 가져오기도 합니다. 온라인 예배나 온라인 성찬을 둘러싼 논란이 그 예가 될 수 있겠지요. 이것은 몸으로 살아가는 실제 세계의 경험을 가상세계의 경험으로 대치하는 것과 관련이 있습니다. 기독교 신앙은 처음부터 예수 그리스도의 성육신 교리에 근거하여 몸의 중요성을 인식해 왔습니다. 그러나 여전히 육체는 속되고 영혼은 거룩하다는 이원론이 초기 교회뿐 아니라 오늘날까지 신자들의 세계관에 영향을 미치고 있습니다. 가상세계를 구현하는 기술은 현실을 가상화하고 사람들로 하여금 가상세계 속에서 만족하고 살아가도록 유도하므로 몸으로 살아가는 삶을 무시하는 이원론 같은 위험 요소가 분명히 존재합니다. 가상세계 안에서 점점 더 많은 시간을 보낼 경우, 우리는 예수님의 성육신의 의미를 잊고 우리 몸을 통해 현재의 시공간에서 역사하시는 성령님의 사역을 가상세계의 환상으로 대치하고자 하게 될지도 모릅니다. 그러나 신자가 함께 모여 한 몸을 이루어 예배드리는 일, 교회를 통해 하늘의 뜻이 땅에서 이루어지는 일은 가상세계에서는 결코 일어날 수 없는 일이겠지요.

가상세계가 아무리 영역을 넓힌다고 해도 그것은 육체를 가지고 살아가는 시공간의 세상과는 분명 구별되는 세상입니다. 따라서 가상세계가 실제 삶을 보조하는 역할 정도에서 멈추는 것이 지혜롭지 않을까요? 대신에 인쇄술 발명이 종교개혁을 촉진했듯이 온라인 세상이 우리 신앙을 더 풍성하게 하는 통로로 사용되는 길을 적극적으로 찾아 나가면 좋겠습니다.

자연 질서나 도덕성 파괴, 소수에 의한 조작 등 가상세계의 문제점만 지적하기에는 이미 온라인 세상이 우리 삶의 중요한 부분이 되어 있다는 점을 생각하지 않을 수 없습니다. 코로나 사태를 지나면서 공교육조차 온라인 수업으로 이루어진 것만

보아도 이제는 더이상 인터넷 접속을 부정적 시선으로만 볼
수 없지 않습니까? 우리 신앙이 다음 세대에 이어져, 여전히
같은 신앙을 가진 주님의 교회가 이 땅에 있게 하려면 이런
온라인 세상에 대한 올바른 이해와 이를 적절히 사용할 지혜가
필요합니다. 이렇게 닥쳐온 새로운 조류 속에서 어떻게 교회가
교회됨을 지키며 복음을 전해야 할지, 각계각층의 신자가 함께
머리를 맞대고 의논 할 때입니다.

　　인간은 인터넷 온라인 기술을 통해 마치 하나님이 세상을
창조하듯 가상의 세계를 만들어 그 안에서 시간과 공간의 제약을
벗어난 듯 살고 있습니다. 그리고 그 가상세계를 더욱 실제화하기
위해 실감 기술, 인공지능, 빅데이터 등 각종 기술 개발에 온 힘을
쏟고 있습니다. 분명히 온라인 세계가 주는 이점이 있습니다.
시간을 초월해 중요한 정보를 주고받을 수 있고, 국적, 신분,
언어의 장벽을 넘어 교류할 수 있습니다. 신자로서 잘 선용할
일입니다. 그러나 인간은 시공간이라는 제약을 받는 피조물입니다.
결코 하나님처럼 한계를 벗어날 수는 없습니다. 이것을
기억하면서 앞으로 가상세계의 개발과 유익을 누리면 좋겠습니다.

우주 시대의
도래

누리호의 발사 성공으로 우리에게도
우주 시대가 성큼 다가왔습니다. 미래는
어떤 모습일까요? 공상 과학 영화에서
보던 장면들은 정말 현실화될 수
있을까요? 우리는 어떻게 미래를 준비해야
할까요?

미래 시대를 예측할 때 손에 꼽는 것 중 하나가 바로 우주 개발입니다. 우리 눈을 지구 밖 우주로 돌리는 것입니다. 테슬라 창업주인 일론 머스크(Elon Musk)는 조만간 화성에 유인 탐사선을 보내겠다고 공언하기도 했습니다. 지구에서 가장 가까운 천체인 달을 넘어 이제는 화성에 대한 각국의 탐사 경쟁이 치열합니다. 2021년 아랍 에미리트(UAE)에 이어 중국과 미국의 화성 탐사선이 화성 궤도에 진입했습니다. 2021년 2월에 미국의 퍼서비어런스(Perseverance, 인내)호 탐사 로버(이동형 로봇)가 가장 먼저 화성 표면에 착륙해서 화성의 모습을 매일 실시간으로 누구나 볼 수 있게 생중계하고 있습니다. 3조 원이라는 개발비를 들여 7개월 동안 약 5억 km를 날아가 보여준 화성의 땅, 산, 바람 소리는 마치 창조의 초기 모습을 보는 듯한 신비감을 줍니다.

우주 탐사와 우주 개발

화성은 태양계에서 지구 다음에 있는 행성으로 공상 과학 소설에서 외계인이 사는 곳으로 가장 많이 등장하는 행성입니다. 기독교 변증가 C. S. 루이스도 그의 판타지 소설 우주 3부작 제1편 《침묵의 행성 밖에서》에서 화성에 사는 타락하지 않은 외계인 이야기를 들려줍니다. 화성의 하루 길이는 지구와 비슷하고, 1년은 지구의 두 배 가까운 687일입니다. 평균 기온은 영하 63도로 매우 낮지만, 최고 온도는 20도까지 오르기도 합니다. 다만 공기는 지구와 달리 희박하고, 그것도 대부분 이산화탄소에 질소와 아르곤이 조금 있는 정도입니다. 미국 탐사 로버는 토양을 채취하여 생명체의 흔적이 있는지 찾고, 대기의 95%를 차지하는 이산화탄소로부터 산소를 추출하는 실험을 진행할 예정입니다. 유인 탐사 가능성을 검토하려는 것입니다. 이어 2021년 5월에 착륙한 중국 톈원(天問) 1호 탐사 로버는 땅 아래 얼음의 존재를 확인하고 있습니다. 영화 〈마션〉을 보면 인간이 화성에 가서 생존하는 이야기가 나옵니다. 화성 탐사는 그런 미래를 만들겠다는 인류의 의지를 표현하는 것이죠.

우리가 속한 태양계는 태양이라는 별과 그 주위를 도는 행성과 왜행성, 각 행성 주위를 도는 위성, 그리고 소행성과 혜성 등 여러 다양한 천체를 포함합니다. 1977년 발사된 보이저 1호와 2호는 현재 45년 동안 230억 km 이상을 항해해서 태양계를 벗어나 인터스텔라(별과 별 사이)를 계속해서 항해하고 있습니다. 우주선이 40년은 달려야 가장자리에 도달할 수 있는 것이 태양계의 크기입니다. 이 보이저호에는 혹시 만날지도 모르는 외계인을 위해 지구를 소개하는 레코드가 실려 있습니다. 2006년 명왕성을 탐사하기 위해 발사된 뉴호라이즌스호가 2015년 명왕성 관측을 마치고 현재는 태양계 끝을 향해 항해를 계속하고 있습니다. 보이저호와 뉴호라이즌스호 우주선이 밝힌 우리 태양계는 우리가 이전에 알던 태양계가 아니었습니다. 앞서 말했듯 명왕성 바깥에 우리가 알던 9개의 행성 외에도 더 많은 행성이 있었습니다. 그래서 그것들을 행성에 다 포함하기가 어려워 명왕성과 이후에 새로 발견된 4개의 행성을 왜행성으로 새롭게 분류했고, 현재는 7개가 추가로 왜행성 후보에 올라 있습니다. 각 행성의 위성도 생각보다 많았고, 그 특성도 다양했습니다. 목성과 토성은 각각 120개와 63개의 위성을 거느리고 있었고, 천왕성도 27개의 위성을 가지고 있었습니다.

이 외에도 태양계를 이해하려는 인류의 다양한 노력은 계속되고 있습니다. 태양을 이해하기 위해 2018년 발사된 우주 탐사선은 2025년 태양에 가장 가까이 접근하는 것을 목표로 지금도 금성과 수성 궤도에서 태양으로의 접근을 반복하며 탐사 중입니다. 태양이 매우 뜨겁기 때문에 계속해서 그 주위를 돌지 못하므로 가까이 접근했다가 멀어졌다가를 반복하면서 관측하는 것입니다. 이것을 통해 태양의 '코로나'(왕관 모양의 불꽃)를 관측하여 태양이 빛을 내는 원인을 더 정확히 이해하려 하고 있습니다. 유럽우주국(European Space Agency)은 또 다른 태양 탐사선을 2020년 초에 발사하여 태양의 극 지역을 탐사하기 위한 항해를 계속하고 있습니다. 2018년 유럽과 일본이 공동 개발한 수성 탐사선 베피콜롬보호는 태양과 가장 가까운 행성인 수성을 탐사하기 위해 발사되어 2025년 수성 궤도에 도착할 예정입니다. 태양에서 두 번째 행성인 금성도 이미 수차례 탐사선이 방문했고, 인도와 러시아가 조만간 새로운 탐사선을 보낼 예정입니다. 화성보다 바깥에 있는 목성과 토성도 탐사선이 여러 차례 방문했고, 또 방문을 계획 중입니다. 심지어 화성과 목성 사이의 소행성을 탐사하기 위한 우주선이 발사되기도 했습니다.

2022년, 지구 바깥에 설치되어 1천억 개가 넘는 은하와 134억 광년의 가장 먼 은하를 관측한 허블 우주 망원경보다 100배 이상 성능이 뛰어난 제임스 웹 우주 망원경이 관측을 시작했습니다.

제임스 웹 우주 망원경은 관측 초기부터 새로운 사실들을 보여주었습니다. 하나님이 만드신 우주의 신비가 얼마나 더 많이 밝혀질지 기대됩니다. 그동안은 우주선을 쏘아 올릴 로켓 개발에 많은 노력을 기울여 온 우리나라는 달과 소행성 탐사를 시작으로 우주 개발에 뛰어들 예정입니다. 그러나 우주 개발은 워낙 막대한 자본이 들어가므로 다른 국가와 공동으로 추진하지 않으면 시작하기 어려운 분야입니다. 기술적으로도 워낙 어려워 엄청난 과학기술의 노하우가 없이는 쉽게 뛰어들 수 없겠지요.

우주여행

최근 우주를 향한 인간의 성취가 얼마나 대단한지 감탄이 절로 나옵니다. 사실 우주는 인간이 잠시도 생명을 유지할 수 없는 최악의 환경입니다. 지구를 조금만 벗어나도 숨을 쉴 수 없는 것은 물론 신체 조직들이 팽창하여 파괴됩니다. 그뿐 아니라 태양 빛의 유무에 따라 120도에서 영하 120도를 오가는 극한의 온도 변화, 무중력(정확히는 무중량)으로 인한 근육과 골밀도의 급격한 감소, 우주 방사선에 의한 세포와 DNA 손상을 경험하게 됩니다. 우주는 인간의 생존 자체가 불가능한 곳인데 인간은 불가능에 쉬지 않고 도전하는 중입니다.

2021년 7월 11일, 영국의 버진 그룹 리처드 브랜슨(Richard Branson) 회장은 72세의 나이로 지상 88km를 올라갔다 온 후, 자신이 우주를 다녀온 최초의 민간인이라고 말했습니다. 9일 뒤, 당시 세계 최고 부자인 아마존 창업자 제프 베이조스(Jeff

Bezos)는 지상 107km에 다녀온 뒤, 진정한 최초의 민간인 우주 여행자는 자신이라고 주장했습니다. 이 논쟁은 사람들에게 어디까지가 지구고 어디서부터가 우주인지 경계에 대한 궁금증을 일으켰습니다. 사실 지구와 우주의 경계를 명확하게 정하기는 어렵습니다. 아직 국제적으로 합의된 바도 없지요. 다만 일반적으로 미국의 물리학자 시어도어 폰 카르만이 제안한 지상 100km의 '카르만 라인'을 지구와 우주의 경계로 이야기해 왔을 뿐입니다. 그 지점이 공기가 없어 더 이상 비행기를 뜨게 하는 힘인 양력이 없는 한계선이라는 이유에서입니다. 그러나 미항공우주국(NASA)과 미 공군은 인공위성이 지구로 추락하지 않고 궤도를 유지하는 최저 고도가 70~90km인 점을 들어서 지상 80km를 우주의 경계로 보고, 그 이상 올라간 사람을 우주 비행사라 호칭합니다. 이 논쟁에서 한발 더 나아간 인물이 최근 세계 최고 부자로 재등극한 테슬라의 일론 머스크입니다. 그의 회사 스페이스X의 우주선이 2021년 9월 17일 민간인 4명을 태우고 지상 585km까지 올라가 지구 궤도를 3일간 돌고 온 것입니다. 이는 우주 정거장이 있는 420km나 허블 망원경이 설치된 540km를 훨씬 넘어선 고도로써 그야말로 우주라 부를 만한 곳입니다.

우리가 사는 지구는 땅과 물과 공기로 구성되어 있습니다. 공기로 이루어진 영역을 대기권이라 부르는데 대기권은 다시 대류권, 성층권, 중간권, 열권, 외기권(외권)으로 구분합니다. 6~20km 높이인 가장 아래의 대류권에는 공기의 80%가 있어 기후변화가 일어나고 비행기가 다니는 영역(10~13km)으로 인간의 삶에 직접적인 영향을 미칩니다. 대류권 위 성층권(20~50km)에는 오존이 있어 우주에서 들어오는 방사선을 막아 줍니다. 그 위의 중간권(50~85km)은 희소한 공기가 있어서 지구로 들어오는 우주 물체들을 태워 유성으로 만들고, 지구상 생명체를 안전하게 보호합니다. 지구상 공기의 99.99997%는 이 부근 카르만 라인 이하에 있다고 합니다. 그 위로 인공위성들이 돌고 있는 열권(85~690km)이 있고, 그 바깥의 지구 대기 가장 바깥층인 외기권은 옅고 옅은 수소와 헬륨으로 이루어져 있다고 하는데, 그 범위가 어디까지인지는 아직 논란 중입니다.

1만 km에서 심지어 지구 지름의 50배인 63만 km까지라는 다양한 주장이 있습니다. 이러한 주장에 따르면 지구로부터 38만 km 떨어진 달도 지구 대기의 영향 안에 있다고 할 수 있습니다. 우리가 사는 지구는 겹겹이 쌓인 다양한 대기층의 보호 아래 있습니다. 인간의 호기심은 안전한 지구를 벗어나 점점 더 바깥으로 향하고 있습니다.

우주여행을 직접 하였거나 성공시킨 회사들은 벌써 우주여행 상품을 출시하여 팔고 있습니다. 아직은 가격이 비싸서 당장은 부호들만 가능하겠지만 서서히 대중화되리라 예상합니다. 일반인도 비용이 3천만 원 정도면 우주여행을 하겠다는 여론조사 결과를 본 적이 있습니다. 우주여행에서 기술적으로 가장 앞서고 있는 스페이스X는 우주 정거장 여행을 넘어서 조만간 달과 화성에까지 우주여행이 가능하도록 하겠다고 공언하고 있습니다. 이를 위해 우주여행 가격을 낮추기 위한 노력도 구체적으로 진행되고 있습니다. 현재 사용하고 있는 등유나 액화 수소 대신 더 저렴한 화학 물질을 연료로 사용하는 로켓도 이미 개발되었습니다. 화성까지 여행할 것을 고려하여 화성에서 채굴 가능한 메탄가스를 이용하는 로켓도 성능을 검증했습니다.

그런데 영국 〈파이낸셜타임스〉(2021년 7월 12일자) 등 국내외 언론에서 이번 세계적 부호들의 우주여행과 관련한 환경오염 문제를 거론했습니다. 우주선은 일반 항공기에 비해 최대 60배 많은 이산화탄소를 배출한다는 것입니다. 그러나 우주선으로 인한 환경오염을 연간 약 3900만 회(2019년 기준)에 이르는 항공기 운항과 직접 비교하기에는 아직 이릅니다. 또한 로켓의 연료로 등유 외 다양한 연료가 사용되고 있어서 수치를 확정하기 어렵습니다. 우주선과 동일한 로켓으로 작동되는 것이 군사용 미사일입니다. 그러니 지금 이런 지적을 하려면 우주선보다 월등히 수가 많은 군사용 미사일을 언급해야 하겠지만, 군사용 미사일은 주로 고체 연료가 사용되고 있고 군사용에 대해 환경오염 문제를 거론하기는 어려울 것입니다. 다만 우주선의 환경오염 문제를 제기하는 이유는 향후 기하급수적으로 늘어날 우주여행의 수요를 예상하기 때문입니다. 우주를 향한 인간의 도전 속에서 우리가 사는 지구 대기의 소중함에 대한 자각이 일어난 것으로 볼 수도 있겠지요. 우주까지 갈 수 있게 된 인간의 능력으로 대기 파괴를 막기 위한 노력을 해야 한다는 메시지로 받아야 할 것입니다.

제임스 웹 우주망원경이 보여줄 새로운 우주

2021년 성탄절, 인류의 과학기술 역사에 획을 그을 만한 일이 있었습니다. 우리 돈으로 12조 원이라는 천문학적 비용을 들여 제작된 제임스 웹 우주 망원경이 우주선에 실려 우주로 발사된 것입니다. 이 우주 망원경은 한 달여의 우주여행을 거쳐 달보다 4배 더 먼 우주에 설치되어 2022년 7월부터 우리가 알지 못했던 우주의 새로운 모습들을 보여주고 있습니다. 미 우주항공국(NASA), 유럽 우주항공국(ESA), 캐나다 우주항공국(CSA)이 공동으로 진행한 이 거대한 프로젝트 덕분에 인류는 또 한 걸음 하나님이 만드신 창조 신비에 다가가게 되었습니다. 이 새 우주 망원경의 이름은 1960년대 아폴로 달 탐사 계획을 주도한 미 NASA의 국장(책임자)이며 우주 개발이 전 인류를 위한 과학기술이 되도록 노력한 제임스 웹의 이름을 따서 붙여졌습니다.

현재 일반인에게 가장 널리 알려진 우주 망원경은 허블 우주 망원경입니다. 지구 바깥 540km에서 대기의 영향 없이 선명하게 하늘의 천체를 관측할 수 있는 이 망원경 덕분에 현대인은 우리 은하가 수천억 개의 별로 이루어져 있고, 우주에는 수천억 개의 은하가 있다는 사실을 알게 되었습니다. 덕분에 하나님의 창조 세계의 광대함을 눈으로 보고, 하나님의 크고 위대하심을 생생하게 알게 되었습니다. 제임스 웹 우주 망원경은 허블 우주 망원경을 넘어서 새로운 우주의 모습을 보여 줄 것으로 기대됩니다.

제임스 웹 우주 망원경은 허블 우주 망원경과 달리 고성능

적외선 카메라가 설치되어 적외선으로 우주를 관측합니다. 적외선은 가시광선보다 파장이 더 긴 빛으로 우리 눈에는 보이지 않는 열선입니다. 캄캄한 밤에 보이지 않는 물체를 적외선 카메라나 렌즈로는 볼 수 있는 것처럼 허블 우주 망원경으로 보지 못했던 천체들을 제임스 웹 우주 망원경은 보여줄 것입니다. 게다가 제임스 웹 우주 망원경은 크기가 허블 우주 망원경의 직경 2.4m보다 훨씬 큰 6.5m로 6배 이상의 빛을 모으고, 보이는 시야각은 15배 이상 넓습니다. 또 지구에서 멀리 떨어져 있으면서 다섯 겹의 태양광 차단막까지 설치되어 태양과 지구의 빛과 열(적외선)을 완전히 차단하여 우주에서 오는 적외선만 관측할 수 있게 했지요.

허블 우주 망원경에 이름을 제공한 에드윈 허블은 '우주는 계속 팽창하고 있다'는 허블의 법칙을 발견했습니다. 세상은 지금도 계속 팽창하고 있다는 것입니다. 우주가 팽창할 때 그 안의 빛도 팽창합니다. 가시광선 빛의 파장이 계속 팽창하면 파장이 더 긴 적외선 빛이 되는 식입니다. 과학자들은 우주 팽창을 과거로 돌려 우주 초기 모습을 추정합니다. 만일 그때 만들어진 은하가 있다면 은하의 빛은 지금 무수히 팽창하여 파장이 긴 적외선이 되어 있을 것입니다. 이렇게 제임스 웹 우주 망원경은 우주 초기 은하를 관측하려고 합니다. 또 우리 은하의 중심에서는 지금도 우주 먼지들이 모여 새로운 별들이 만들어지고 있는데 이 우주 먼지가 가득한 곳에서는 가시광선이 먼지에 흡수되어 빠져나오지 못합니다. 그러나 적외선은 먼지에 흡수되지 않고 잘 빠져나올 수 있어서 제임스 웹 우주 망원경은 적외선을 통해 새로 만들어지는

제임스 웹 우주 망원경으로 관측한 7,600광년 떨어진 용골자리 대성운. 성운 속에는 그동안 볼 수 없었던 새로 태어난 별들이 보인다.

어린 별들을 관찰하려고 합니다. 그리고 적외선은 공기나 물(수증기)에는 일부 파장이 흡수되는 성질이 있으므로 별 주위를 도는 행성에서 나오는 적외선을 관찰하면 그 행성에 물이나 공기가 있는지도 알 수 있습니다. 제임스 웹 우주 망원경은 적외선을 통해 생명체가 살 수 있는 행성들이 있는지도 관측할 예정입니다. 이 새 망원경은 관측을 시작한 지 얼마 되지 않았는데 놀랍게도 예상한 관측 결과를 처음부터 선명하게 보여 주기 시작했습니다.

누리호 발사 성공과 향후 우주 개발

남 이야기 같았던 우주 개발, 우주산업, 우주여행 같은 말이 드디어 우리 이야기가 될지도 모르는 일이 일어났습니다. 2022년 6월 21일, 마침내 한국형 우주 발사체인 누리호가 발사에 성공한 것입니다. 1.5톤의 위성 모사체와 성능 검증 위성[그리고 4개의 작은 큐브(꼬마)]들을 지상 700km 우주 궤도로 보내기 위해 아파트 15층 높이(47.2m)에, 무게가 200톤에 달하는 발사체를 우리 자체 기술로 개발한 것입니다. 1957년 최초로 위성을 우주에 쏘아 올린 구소련보다 65년 정도 늦긴 했지만 이번 발사 성공으로 우리는 세계에서 7번째로 자체 발사체 기술을 보유한 나라가 되었습니다. 극한 환경의 우주로 로켓을 쏘아 올린다는 것은 쉬운 일이 아닙니다. 모든 노하우를 보유하고 있다는 미국에서조차 우주 발사체 사업에 뛰어든 일론 머스크의 스페이스X가 초기 세 차례 발사에 실패하고 나서야 독자 기술을 보유한 것에서 어려움을 가늠해 볼 수 있습니다. 누리호는 2027년까지 앞으로 네 차례 더 발사하여 발사체의 안정성과 신뢰성을 확보할 예정입니다.

이번 누리호가 위성을 쏘아 올린 700km의 고도는 보통 높이가 아닙니다. 빠른 속도로 공기가 없는 우주로 날아가야 하기 때문에 엄청난 양의 연료는 물론, 연료를 태울 산소까지 실어야 합니다. 누리호의 200톤 무게 중 거의 대부분인 175톤이 케로신(등유)이라는 연료와 연료를 태울 산소 무게였습니다. 산소는 부피를 줄이기 위해 영하 183도로 액화하여 실었습니다. 700km 고도에서는 초속 7.5km에 도달해야 위성이 지구 궤도에 안착하여 지구를 돌 수 있게 됩니다. 2021년 10월 누리호 1차 발사 때는 1단에서 3단 로켓까지 다 성공하여 700km 고도에는 도달했지만, 3단 로켓의 엔진이 목표치인 521초보다 46초 빨리 꺼져버려 속도가 초속 6.8km밖에 되지 못해 위성이 궤도에 안착하지 못하고 다시 지구로 떨어지고 말았지요.

누리호는 300여개 기업에서 만든 총 37만 개의 부품으로 만들어졌습니다. 이 많은 부품 중 한 개라도 문제가 있었다면 실패했을 것입니다. 그야말로 지구과학, 물리, 화학의 기초 과학부터 각종 공학과 기술이 총동원된 현대 과학기술의 집합체라 할 수 있습니다. 2010년부터 시작된 누리호 개발에는 총 2조 원이라는 막대한 돈이 들었습니다. 이 예산 중 75%인 1.5조 원이 개발에 참여한 300여 개 기업을 통해 사용되었습니다. 장기적으로 미국이나 유럽처럼 우주 산업을 민간사업으로 육성하려는 정책이라 볼 수 있습니다.

흔히 우주 개발을 위해서는 누리호 같은 발사체 외에 위성체와 탐사체 기술까지 확보해야 한다고 말합니다. 우리나라도 현재 세 가지 기술 모두를 개발하려 하고 있습니다. 이를 위해서는 앞으로도 막대한 예산이 투입되어야만 합니다. 그래서 관련 분야의 정부 기관, 연구소, 그리고 민간 기업들은 현재 국가안보, 국가 위상 강화, 국내 우주산업 육성 등을 이유로 내세우며 정부의 예산 부처 및 국회와 대국민 설득 작업을 합니다. 물론 우주 개발에 막대한 예산을 쏟아 붓는 일에 대한 반론도 있습니다. 우주 개발이 일회성 이벤트가 되지 않고 예산이 낭비되지 않도록 잘 살필 필요가 있을 것입니다.

우주 시대를 맞는 우리의 태도

우주 시대가 다가오는 것은 분명합니다. 미래에는 지구를 넘어 우주가 중심이 될지도 모릅니다. 눈을 들어 시대의 변화와 하나님이 만드신 우주를 적극적으로 바라볼 때입니다. 우주 탐사를 하는 이유에는 우주와 생명의 기원을 밝히려는 의도가 포함되어 있는 것이 사실입니다. 그러나 그 이유 때문에 신자들이 우주 탐사와 개발을 모른 척하거나 부정적으로 볼 필요는 없습니다. 과학기술과 그 안에 숨어 있는 인간의 죄를 구분하는 지혜를 발휘하여 우주를 이해하려는 태도가 필요합니다. 주님은 교회를 세상 속에 두시기를 기뻐하셨습니다. 다음 세대 크리스천 중에서도 우주라는 하나님의 창조 세계의 신비를 밝히고, 창조주 하나님을 높이는 일을 소명으로 여기는 사람들이 많이 나오면 좋겠습니다. 아울러 성경을 보는 시각도 우주 시대에 맞게 바뀌어야 하겠지요. 성경은 우주 시대에도 여전히 참된 진리이기 때문입니다. 우리는 교회와 일상의 삶에서 우주 시대에 적극적으로 참여하고 대비해야 합니다. 제임스 웹 우주 망원경이 보여 주는 관측 결과에 대한 해석은 다양할 것입니다. 세상은 관측 결과를 통해 하나님이 없다고 더 강하게 주장할지도 모릅니다. 우주의 시작이나 외계인의 존재 같은 주제가 우리에게 도전과 위협을 줄지도 모르지요. 우리는 새로운 관측 사실을 우주와 우주를 만드신 하나님에 대한 시각이 더 넓어지는 기회로 삼아야 합니다.

덤. 갑자기 온 전기차 시대

현재 전 세계에 약 15억 대의 자동차가
운행 중입니다. 우리나라는 인구 2명당
1대 꼴인 2500만 대 정도가 도로를 달리고
있습니다. 차량이 내뿜는 온실가스,
미세 먼지 배출이 심각합니다. 따라서
친환경 전기차에 관심이 뜨겁고 각종 장려
정책이 쏟아져 나오고 있습니다. 어떤 차를
타는 것이 환경을 보호하는 것일까요?

현대인의 삶에서 빠질 수 없는 것이 자동차입니다. 자동차의 수는 25년 만에 2배로 늘었고, 증가 속도가 점점 빨라져 2035년에는 현재의 두 배인 30억 대 정도가 될 것이라고 합니다. 또 많은 중고차들이 폐기되지 않고 수출됩니다. 아시아, 아프리카, 남미 등 큰 도시를 방문하면 노후 차량이 뿜어내는 매연이 온 도시를 뒤덮고 있는 것을 볼 수 있습니다. 온실가스 배출에서 자동차가 차지하는 비중은 16%에 달합니다. 여기에 매연이라고 불리는 자동차 배출 미세 먼지까지 추가하면 현대인의 필수품인 자동차가 지구 환경이나 생태계에 미치는 악영향은 엄청나다고 할 수 있습니다.

전기 자동차의 종류

최근에 전기차가 급격히 부상하고 있습니다. 자동차 회사도 아닌데 전기차를 생산한다는 이유로 전 세계 6위 기업으로 도약한 테슬라 열풍이 대표적 사례입니다. 테슬라의 기업 가치는 세계 자동차 업계 1위인 토요타의 3배를 넘어섰습니다. 전 세계 1위 기업인 애플도 곧 전기차 시장에 진출할 것이라 합니다. 국내 자동차 회사들도 이런 흐름을 따라 앞다투어 전기차를 출시하고 있습니다. 전기차에 들어가는 국내 배터리 생산 업체들의 기업 가치도 연일 높아지고 있습니다. 전기차 기술 덕분에 유럽, 미국, 중국 등은 이르면 2025년, 늦어도 2030년 중반부터는 휘발유나 경유를 쓰는 내연기관차의 생산과 판매를 중단하겠다고 선언하고 있습니다. 온실가스나 미세 먼지 배출이 없는 친환경 자동차의 요구가 그 어느 때보다 높아졌기 때문입니다.

　이제 주변에서 자동차를 구입할 때 전기차를 후보에 올려놓고 고민하는 경우를 종종 보게 됩니다. 전기차는 하이브리드차, 플러그인 하이브리드차, 순수 전기차 등 종류가 다양합니다. 수소를 연료로 사용하는 수소차(수소연료전지차)도 전기차의 한 종류라 할 수 있습니다. 다양한 전기차 중 어떤 차를 구매해야 할지 여간 고민스러운 게 아닙니다. 게다가 다양한 친환경 보조금이 있다고 해도 가격이 다소 비싸다는 점도 고려해야 하고, 새로운 기술이기에 안전성이나 인프라의 편리성에 대한 의문도 있습니다.

　전기차는 배터리[12]로 전기 모터를 돌려서 가는 자동차입니다. 전기차는 1860년 납축전지의 발명으로 자동차 발명 초기에 호황을 누렸다가 헨리 포드가 석유로 가는 오늘날의 내연기관차를 대량 생산하고 대중화하면서 역사 속으로 사라지게 됩니다. 그러다가 최근 들어 다시 등장한 것입니다. 전기차가 다시 등장한 가장 큰 이유는 1980년대에 개발되어 휴대폰에 널리 사용되고 있는 리튬 배터리 때문입니다. 리튬 배터리는 납축전지보다 훨씬 가볍고 성능이 뛰어납니다. 2019년 노벨화학상이 그런 리튬 배터리를 처음 개발한 과학자들에게 주어진 것만 봐도 그 일이 얼마나 대단한 일이었는지 알 수 있습니다.

---

12) '이차전지'라고도 하는데
　　충전과 방전을 반복하여 긴 시간 동안
　　계속 사용할 수 있는 전지를 말한다.

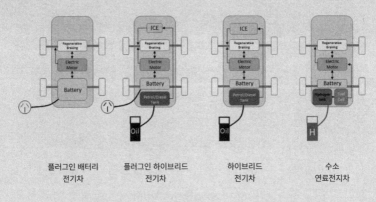

플러그인 배터리   플러그인 하이브리드   하이브리드   수소
전기차   전기차   전기차   연료전지차

전기차의 종류

전기차 종류는 내연기관 엔진과 함께 작은 배터리와 전기
모터를 보조로 넣은 하이브리드차, 배터리의 비중을 키워
엔진보다 더 크게 만든 플러그인 하이브리드차, 엔진을 완전히
없애고 배터리로만 가는 순수 전기차가 있습니다. 배터리로만
가는 순수 전기차는 아직 기존의 내연기관차만큼 성능을 내지는
못하고 있습니다. 하지만 지속적인 연구개발이 진행되고 있어서
조만간 좋은 성능을 낼 것으로 기대합니다. 전기차의 가장
큰 장점은 온실가스와 미세 먼지 배출이 적거나 거의 없다는
점입니다. 물론 전기차가 사용할 전기를 만드는 발전소나 배터리
공장에서 온실가스가 나오지 않느냐는 반론이 있습니다. 그러나
수많은 자동차가 뿜어내는 온실가스보다 발전소나 공장이
배출하는 온실가스가 포집이나 처리가 용이한 면이 있습니다.
온실가스 배출이 적은 발전소나 배터리 생산 공정을 만드는 것도
해결책으로 제시되고 있습니다.

전기차와 유사한 수소차(혹은 연료전지차)는 수소를 연료로 전기를 만들어 쓰는 자동차입니다. 수소로 직접 전기를 만들기 때문에 전기차처럼 전기를 충전할 필요가 없습니다. 원리는 이렇습니다. 물은 H_2O라는 분자식을 가진 수소(H)와 산소(O)로 이루어진 물질입니다. 그래서 물을 전기로 분해하면 수소와 산소가 나옵니다. 반대로 수소와 산소를 합치면 물이 되면서 전기가 발생합니다. 이렇게 전기를 만드는 장치를 연료전지라고 합니다. 연료전지는 1960년대 이후 우주선에서 사용하고 있는 장치입니다. 우주선과 동일하게 수소와 산소(공기)를 흘려 전기를 만들고, 그 전기로 전기 모터를 돌리는 것이 수소차입니다. 수소는 휘발유나 경유처럼 액체로 만들어 수소 통에 채워 사용하기 때문에 수소 충전에 시간이 별로 걸리지 않고, 장기적으로 현재의 주유소도 그대로 이용할 수 있는 장점이 있습니다. 다만 당장은 수소 충전소가 많지 않아 불편합니다. 또 수소차가 늘어날 경우 수소를 저렴하게 대량 생산해야 하는 일도 숙제로 남아 있습니다. 이를 위해 물을 분해하여 수소를 만드는 공정에 연구 개발과 투자가 전 세계적으로 활발하게 이루어지고 있습니다.

이 분야의 초창기부터 관련 연구를 계속해 오면서 전기차 시대의 도래에 대한 막연한 희망을 품곤 했었는데 이렇게 빨리 전기차 시대가 올 것이라고는 생각지 못했습니다. 전기차 시대가 가까워진 것을 보며 한편으로는 지구 환경을 해치는 인간이 어리석어 보이기도 하지만, 위기 상황에서 대안을 찾아가는 데 탁월한 능력을 가지고 있음을 느낍니다. 물론 과학기술이 일으킨 문제점을 전기차와 같은 또 다른 과학기술로 풀려는 시도가 바른 방향인지는 신중히 생각해 보아야 할 문제입니다. 끝없는 인간의 욕구를 다 채우면서 지구 환경과 생태계를 보존하는 것은 불가능하기 때문입니다. 그러나 적어도 이런 지구적 위기를 막기 위한 창조적인 노력을 보면 인간이 비록 타락하였을지라도 여전히 하나님의 형상으로 창조된 존재라는 것을 알게 됩니다.

닫는 글

이제까지 우리 시대의 과학을 신앙의 관점에서 살펴보았습니다. 다소 어렵거나 무겁게 느껴지는 부분도 있었으리라 생각합니다. 다만 신앙인 과학자로서 저는 세상이 아무리 대단하고 화려한 기술과 과학으로 우리를 꾀고 속일지라도 과학은 하나님의 피조물이며 또한 우리에게 주신 하나님의 선물이라는 점을 기억하자고 말하고 싶었습니다. 과학과 기술의 비중이 커질수록 신앙에 대한 과학의 도전은 더욱 거세질 것이 분명합니다. 그러나 어느 순간이라도 이 과학기술 시대를 섭리하시고 통치하시는 분은 하나님이시라는 사실을 잊어서는 안 될 것입니다. 우리 모두가 하나님이 우리에게 주신 선물인 과학을 선용해서 그 가운데서 하나님의 사랑을 발견하고 그 사랑을 서로, 그리고 하나님이 만드신 피조물과 피조세계 전체에 실천하는 지혜로운 크리스천이 되기를 바라는 마음입니다.

내 신앙에 과학이 대답할 줄이야

Science: Unexpected Answers on Faith

지은이 성영은
펴낸곳 주식회사 홍성사
펴낸이 정애주
국효숙 김의연 김준표 박혜란 손상범
송민규 안지애 오민택 임영주 차길환

2022. 11. 25. 초판 발행   2023. 1. 20. 2쇄 발행

등록번호 제1-499호 1977. 8. 1.
주소 (04084) 서울시 마포구 양화진4길 3   전화 02) 333-5161   팩스 02) 333-5165
홈페이지 hongsungsa.com   이메일 hsbooks@hongsungsa.com
페이스북 facebook.com/hongsungsa
양화진책방 02) 333-5161

ISBN 978-89-365-0384-0 (03230)

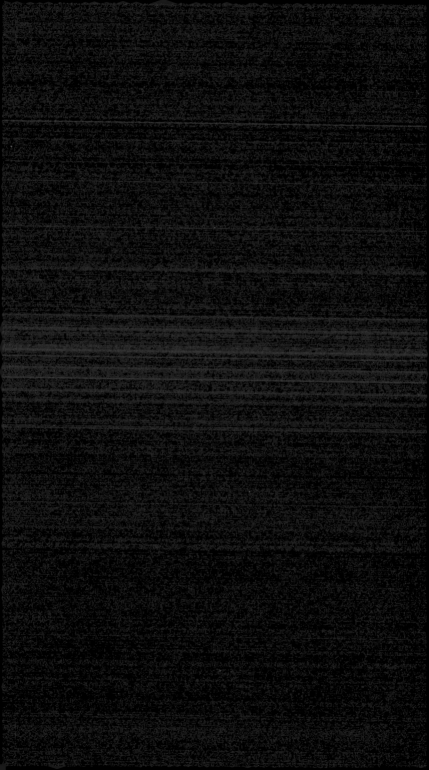